反崩壞

打破 99：1

阮慕驊 著

全球大崩壞
台灣如何逃過一劫？

「危機」、「崩壞」。

雷曼倒閉事件之後，全球經濟備受考驗，金融病毒仍存活並與日強大。2008 年次貸風暴之後，全球央行為了救銀行、救經濟，依靠印鈔做為維生系統，模糊了貨幣政策和財政政策的介線。

美國聯準會實施了兩輪的量化寬鬆（QE），總計對市場投放了 2.3 兆美元的巨資，但是如此史無前例的作法，對經濟的振興卻顯得效果有限；歐洲的問題也不小，歐債危機爆發以後，不只經濟層面連政治也一併爆發危機；而大陸和台灣也難逃捲入了全球經濟的超級風暴。

反崩壞！崩壞已經談的夠多了。

只害怕崩壞無助於台灣現在的社會氣氛，值此同時，我們需要的是一股向上的力量，是全民自發且重拾信心的力量，是一種勇於突破困局的氛圍，須由下而上，形成草根且全民的力量，是一種台灣民間自覺的力量，就事論事且尋求對策。

因此，在這個艱難的環境下，這本書的初衷由然而生，希望經由大環境的宏觀認識，再到個人微觀的奮發，尋找當前個人和全體社會的對策，促進更好的生活與更公平的社會環境，以迎接台灣真正的黃金10年！

目錄 CONTENT

Part 2

觀念篇

想像 改變 理財力

目錄 CONTENT

Part 3 執行篇
財務規劃　崩壞下的救生圈

Part 4 思維篇

虛實之間 當機立斷

1

趨勢篇

崩壞

全面金權

第一章

「08」人類金權政治分界的關鍵數字

2008年的次貸風暴，在人類歷史上，標誌著世界財富重新再分配的開始，以及國家金權政治的抬頭與割據。

未來世界僅有少數國家有著絕對的話語權，它們將是美國、德國和中國

美國、中國與德國：「我們說話，你們閉嘴」

人類的財富透過金融操作產生了持續性的分配不均，貧者愈貧，富者愈富，社會的財富流動從垂直變成了水平；從弱勢者流出進入了強勢者的口袋。

這個強大的流動趨勢，勢將造成未來人類動亂的因子，但它將隱而不發，直到它如同火山般爆發和宣洩！

如同國家和社會財富不均，全球的國家金權也正走向集權化。

歐債的鬧劇告訴全球：國家的地理疆界已不再重要，取而代之的是國家金權那雙無遠弗屆的黑手。**經濟和金融的淪亡才是一個國家的真正淪亡**，而非軍事和政

重要年代表

1985 美、日、德、法、英簽訂《廣場協議》
※日圓升值、人民幣趁機貶值

1985 台灣開始准許新台幣升值
※外資流入，台股房市狂飆

1989 柏林圍牆倒下，兩德統一

1991 蘇聯解體

1992 《歐洲聯盟條約》確立歐盟體系，使用歐元

2001 911恐怖攻擊事件

2003 伊拉克戰爭

2005 次級房貸

2008 金融海嘯、雷曼兄弟破產
※美國道瓊工業指數跌到7500點，全球股市大崩盤
北京舉辦奧運
冰島破產

2010 歐債危機
※德國償還最後一筆戰爭賠款，希臘出現財政赤字

2011 占據華爾街運動

治。

就在歐債危機爆發的同時，蘋果的股價不但站上500美元，市值更一舉超越5,000億美元，這意謂蘋果一家公司的價值超越了台灣、澳洲、波蘭、比利時和瑞典諸國的GDP。

蘋果成爲繼艾克森美孚、微軟、英特爾、奇異與思科之後，全球第六家市值躍上5,000億美元的公司。

值得注意的是，這六家公司都是美國企業，其中有五家是科技企業，它們分別代表軟體、通訊、晶片、核能和手持式電子消費品，其共通特性是：創新、品牌、行銷和技術；另一家則是全球最大的能源公司。這六家引領世界的公司，昭告全球能源與科技創新的動力仍牢牢緊控在美國手裡。

美國運用科技、創新、品牌、行銷和技術力量掌控全球的同時，其綿密的金融網絡更深入了世界的每一個角落：以美元全球儲備貨幣的地位，做爲美國金融業最強而有力的後盾。

曾擔任尼克森和福特兩位美國總統國務卿的季辛吉就說過這樣一段名言：「誰能掌握糧食，就能掌握人類；誰能掌握能源，就掌握了所有國家；誰能掌握貨幣，就掌握了全世界。」一語道破了美國的全球戰略方針，就是糧食、能源和貨幣。

美國用其 1 年 10 兆美元的龐大內需市場做爲美元儲備貨幣的後盾，而美元又爲美國金融界稱霸全球的後盾。美國國債以其超級安全和優質的地位，做爲美元與美國金融霸權的終極後盾。

美國的國家安全築在金融長城之內，在歐債危機、中國資產泡沫的一片混沌金融局勢之中，顯得固若金湯。

「美元是我們的貨幣，但卻是你們的問題。」美國總統尼克森時期美元爆發危機，當時的美國財政部長康納利（John Connally）就說過這樣的名言，而美國的這種態度一直延續至今。

全球不得不承認，美國是唯一的大國，全球目前無出其右者。

而在東方，一顆新星正在上升，它就是中國。廣袤千里的土地，13 億的人口，擁有發展經濟的絕對條件。如何利用國力，有何條件發展經濟？除了廉價的勞動力與幾乎不用成本的土地資本外，在內需市場尚未起飛前，必須要向外出口，以商品競爭力換取國際流動資本，進而帶動所得、消費與就業的正向循環成長。

中國懂得這個道理，它在等待機會，等一個強權失敗後趁勢而起的機會。

1985 年日本簽下《廣場協議》（Plaza Accord），它標誌著日本在亞洲，甚至全球經濟強權地位沒落的開始，另一個亞洲新興經濟體——中國，終於等到了大好機會。

紐約廣場飯店所簽訂的《廣場協議》，解救了美國，給了中國機會，卻為日本泡沫經濟埋下遠因 (Photo: Wikimedia Commons)

1985年9月22日，爲解決當時美國貿易赤字問題，美國財政部長貝克、日本財長竹下登、前聯邦德國財長斯托登伯、法國財長貝格伯、英國財長勞森及五國中央銀行行長在美國的紐約廣場飯店（Plaza Hotel）協議五國政府聯合干預外匯市場，讓美元對主要貨幣有序地下調。

因爲《廣場協議》，經濟陷入谷底的美國得到了喘息，低調且蓄勢待發的休養生息，而緊接著日圓大幅升值的日本則是囂張了5年。

這5年，日本換來的是迄今接連20年的失落，以及中國的大展鴻圖。

《廣場協議》簽訂後，五國大量拋售美元，導致美元持續大幅度貶值。

《廣場協議》前一個交易日，美元兌日圓收盤於240.10，而當月底則收盤在216.5；到了1985年12月31日，則收盤在200.25。《廣場協議》2年多後，日圓升值了 99.78%，而 10 年後的 1995 年，日圓已升值了 201.26%，甚至突破了 80。

日圓大幅升值且伴隨著日股的大漲，日本吹起了巨大的資產泡沫，東京、大阪房地產價格飛漲，日本人高喊「日本第一」。日本從二戰戰敗國的陰影完全走出來，直到 1989 年股市、房市泡沫爆破前，日本人還眞的以爲東京就是世界中心。

就在日圓大幅升值的同時，中國出手了，機不可失。人民幣靜悄悄的啓動了貶值計畫！從 1985 年的 2.937 兌 1 美元，1986 年就貶到了 3.453，1987 年進一步貶值到 3.722，1990 年日本正式走下滑坡之時，人民幣已經貶到了 4.783，足足貶值了 62%。

「上帝要毀滅一個人，必先使其瘋狂」，一個國家難道不是？當日本暴富，日本人橫掃全球資產之際，美國人在冷笑，中國人在努力布局，而在歐洲，野心勃勃的德國人也等到了機會，決心洗刷戰敗國的奇恥大辱。

1989年11月9日，長155公里、高4公尺，屹立了28年的柏林圍牆轟然倒塌，1990年兩德重歸統一，象徵德國重新站上世界舞台。

隨後，1991年12月25日，蘇聯總統戈巴契夫宣布辭職，次日蘇聯最高蘇維埃通過決議宣布蘇聯停止存在，立國69年的蘇聯從此正式解體。蘇聯解體與兩德統一，讓德國人取得了整合歐洲的空前機會。

隱忍了40年，德國人生聚教訓。兩次大戰的失敗，喪權辱國的傷痛，德國人知道唯有國家強大，民族才有生存的條件；而國家的強大，並非是軍事工業強大而已，更重要的是經濟和基礎工業的強大，與人民努力不懈的結果。

二戰後，《波茨坦協定》瓜分整個德國，柏林同整個德國被蘇聯、美國、英國、法國四國分區占領。1948年，美、英、法在德國首都柏林的占領區合併（即西德）；同年，蘇聯占領的柏林東區成立了大柏林臨時民主政府（即東德），德國正式進入了東西德時代。

直到柏林圍牆倒塌，德國人並沒有忘記國家統一才是民族生存的基本條件，分裂只會被人輕視和強取豪奪。雖然，兩德統一付出的經濟代價是1兆5,000億歐元，比全國的國債還要高，甚至統一之後，西德背負東德經濟落後的沈重擔子，東德工業與民生凋敝，失業人口一度激增至20%，但德國人民吞下來了，兩德統一的20年後，正當歐元區開始面臨債務風暴，德國人卻將最後一筆戰爭債還清！

2010年10月3日，東西德統一20週年當天，德國償還了一次世界大戰賠款的最後7,000萬歐元。德國人以行動告訴歐洲與全世界，德國重整了，未來的德國是經濟力的強國。

德國的復興靠的是民族自覺的力量，德國優秀的民族天性，只要能自覺就能突圍，如果國家領導的政策方向前瞻與正確，德國就能脫胎換骨。兩德統一後，德國歷經了10年的陣痛期，甚至一度被稱爲「歐洲的病夫」，直到2000年中國崛起的同時，德國利用了歐元成立的大好機會，配合施羅德「2010議程」經濟改革方案，在歐元區國家沈醉貨幣統合的經濟大夢下，德國以其工業、技術和勤奮，重新站起來了。

2010年，美國次貸爆發後的一年，歐債危機引爆，冰島、愛爾蘭、希臘、葡萄牙一一倒下，接著西班牙和義大利也勢將難逃一劫，但只有德國，只有德國的失業率降到6.5%的20年來最低，而全歐元區的失業率卻上升到11%的歷史新高。德國這次無聲無息獵取了歐洲，依靠的是金融和經濟力，歐洲的版圖自此劃入了德國的領土，而不費一槍一彈。

2000年之後，德國突飛猛進的發展，東方的中國更是加足馬力狂奔。1994年，人民幣一口氣由5.762貶到8.619，匯率下調了50%，加上1985年以來連年不斷下調的匯價差距，人民幣10年間已足足貶值了290%；而同一時期，日圓卻升值了200%。

人民幣的戰略地位已然達成，人民幣足夠廉價了，足以吸引全球的資金進駐，利用低廉的勞動力、稅賦、土地、能源和幾乎不必具備的環保成本，向全世界展開出口競爭。

世界工廠於焉建立，大量的農民工和下崗的國企、央企勞工向中國沿海進軍，經由出口創匯再投資的過程，中國正進行一場人類經濟史上史無前例的大躍進。

隔著一道海峽的台灣，在中國崛起的過程中，扮演著舉足輕重的地位。台灣島內，民主的聲浪隨著經濟快速的發展而愈發喧囂。

1980 年代中期，台灣開始出現要求徹底解嚴的運動，尤其以 1987 年 5 月 19 日民進黨於台北市中山堂舉行的 519 綠色行動最爲重要，示威抗議的民眾高舉「只要解嚴，不要《國安法》」、「百分之百解嚴」等標語。

1987 年 7 月 14 日，蔣經國頒布命令，宣告自同年 7 月 15 日凌晨零時起解除在台灣本島、澎湖與其他附屬島嶼實施的戒嚴令（簡稱「解嚴」），在台灣實施達 38 年又 2 個月的戒嚴令自此走入歷史。

接著勤勞、靈活與聰明的台灣商人，看到了中國崛起的機會。1980 年代開始將台灣資本與技術輸入中國。

1989 年，蔡衍明在中國註冊了「旺旺」商標，是第一個在大陸註冊商標的台灣廠商。1992 年，康師傅投資了 800 萬美元成立天津頂益國際食品有限公司，「康師傅」第一碗紅燒牛肉麵誕生。

如今這兩家企業已成爲台商在大陸成功的樣本。中國有台灣的資本、技術、管理和視野，就如同老虎添了翅膀，20 年來的發展，如今已取代日本，成爲亞洲最大經濟、雄視全球的一方之霸。

中國未來的命運勢將牽動台灣的命運，歷史注定兩岸或許在地理疆域上可以暫時分治，但在經濟、文化與面對全球化的進程，將會彼此影響。

而全球諸強，美國、中國與德國的發展進程又何嘗不是如此？過往 20 年，全球的國家格局與金融版圖發生了史無前例的巨變。

未來20年呢？

人類的金權、國家的體制將何去何從？中國、美國與德國；亞洲、美洲、歐洲與中東又將如何競合？能源、糧食與貨幣的爭奪又會如何一幕幕地上演，從而再次改變目前看似穩定卻又極端不平衡的全球格局？

在如此波動卻又充滿機會的時代，回到個人，如何創造、聚集、管理與發揮財富最大的效應？

如何從「心」出發，且從「零」做起，將財富的大樓從平台築起，並將其發光發熱，創造更多人的幸福，從而獲致社會的共同利益，這些都是接續探討的重點。

歐債
根本是場肥皂劇

歐債危機如今證明是一場歹戲拖棚的肥皂劇。歐元區核心國家德國、法國好比嚴厲的公婆，而希臘是不知節制的第二代，一家人每天上演鬧劇，但吵歸吵，最終還是會將風暴控制在茶壺之中。而局外人，看多了這種鬧劇，久而久之，也就疲乏了，無論劇情再如何辛辣都刺激不了情緒。

然而，除卻金融面的危機，歐債對於全球所產生的經濟影響才要揭開序幕！

2012 年全球經濟情況肯定不會太好，中國正式將 GDP 成長率調降至 7.5%，台灣也預估 2012 年 GDP 不保 3%，美國則頂多2% 的成長，而歐洲很可能小幅衰退。

而這種較差的經濟情況，產生的主因是泡沫，泡沫經濟後必然會出現較長期的收縮調整。而目前全球正處於2008年美國次貸泡沫爆破後的調整期，歐債本質上也是泡沫的一連串爆破現象，只是相對於美國次貸風暴，歐債危機屬於更深層次的國家主權危機。

不過，雖說2012年全球經濟情況不會太好，但事實上也不會太差。

做個比喻：全球經濟雖不致於開倒車，但也絕非踩油門，大體上是低速前行，等待加速的可能。

既然是低速前行，最重要的是平穩；而平穩要看大環境，也就是路況，**最關鍵的影響條件是物價，也就是通膨情況**，這時候通膨絕對不能來，否則將讓低速變成怠速，甚至要打倒檔了。

麻煩的是，2012年第1季竟然出現油價高漲。這波油價上漲，直接刺激的因素是以色列與伊朗日趨緊張的關係。

以色列看起來是準備不顧一切開打了。多年來，以色列一直想拔除伊朗，如今時機成熟了，埃及正內亂，利比亞強人才剛倒，賓拉登一死，基地組織也形同瓦解，敘利亞內部情況緊張複雜自顧不暇，此時不動手剪除心頭大患更待何時？但美國不准！

很明顯地，美國擔心戰事一起，導致油價暴漲進而影響經濟，更重要的是影響選票，所以歐巴馬要以色列按兵不動，用先進飛彈安撫以國的緊張情緒，一切等到 2013 年再說。

2012 年初油價的高漲帶動糧價，油糧價有絕對的正相關性。黃豆期貨價格同一時期明顯上漲，小麥、玉米與棉花價格也蓄勢待發，尤其是印度宣布棉花禁止出口，國際棉價應聲大漲，接續油價向上漲的會不會是農產品？

而基本金屬之中，2012 年銅價創 5 個月高點、鎳價創 7 個月來最高，趨勢基本上是緩步往上，至於貴金屬也處於多頭行情之列，經濟的發展面對的是物價的壓力。

然而，重新襲捲而來的歐債危機瞬間打消了這場可能爆發的通膨。

2012 年第 2 季再次引爆的歐債風暴，這次加了政治危機的調味料，顯得與先前的情況有些不同。

法國總統換人了，薩克奇和梅克爾的撙節陣線瀕臨瓦解，希臘人也不耐縮衣節食威嚇要退出歐元區。

2012 年 5 月，股市空頭挾歐債情勢的演變大力襲擊全球，MSCI[1] 世界指數跌掉了 9%，油價崩跌，短短 1 個月重挫了 16%，紐約輕原油從每桶 100 美元直接跌到近 80 美元，這一來，通膨全數打消。經濟的擔憂使得全球軟硬商品全數大跌。

通膨會不會再起，油價是觀察指標，其次是美國經

❶ MSCI 指數所組成的股票，帶有業績和財務穩定的意涵，為大型股或各產業龍頭股，因此很多全球大型基金會採納 MSCI 作為資金配置的重要參考。

濟復甦的力道。

倘若美國經濟能穩步復甦，2013 年不排除物價上升的壓力又將重新來過。經濟的復甦勢將拉動需求，未來如果通膨一起，全球資金勢必不可能再維持如此寬鬆的局面，屆時就得視經濟成長的動力強，還是資金收攏的壓力大，兩者之間將形成拉扯的反向力量，也將會直接刺激金融市場的波動。

預期 2013 年金融市場的波動會加大。

2008 年以來全球印鈔 7 兆美元，但 2011 年全球股市就跌掉了 6.4 兆美元，去槓桿的強大效應壓低了物價，2012 年初油價的上升，與股市的回升有「共伴效應」，股市若上漲，通膨的壓力不會不來。以此觀之，股市愈漲代表會對經濟施加愈多壓力，這會阻止股市的持續漲升。

因此，2012 年第 2 季全球股市大跌，基本上是自然的調整。

經由股市的下跌，帶動商品市場的同步走跌而去槓桿，一方面打消過多的貨幣，另一方面壓低通膨的預期，同時將資本市場的基期壓低以便未來再次膨脹。

歐洲央行 2012 年 2 月 29 日再次實施第二輪 3 年期僅 1% 利率的長期再融資操作，因抵押品條件放寬，歐洲區銀行業總計 800 家銀行搶著申貸，從歐洲央行金庫中搬走比第一輪 4,890 億歐元更多的資金，達到 5,295 億歐元。

兩輪的資金大輸血達 1 兆歐元規模，直逼雷曼風暴後美國聯準會救市的規模。同一時期英國央行也再擴大資產買進計畫，加注 500 億英鎊，使總規模達到 3,250 億英鎊。日銀亦宣布擴大加注 10 兆日圓於國債買進計畫，亦使總規模上看 65 兆日圓。

全球央行無不極盡全力寬鬆貨幣，盡可能的將資金撒到市場，資本愈浮濫，中長利率就愈低，因為資金無處可去，只能往最保守的公債市場流動；再加上股市動輒大跌，市場資金驚恐往債市避險，投資評等高的政府公債紛紛創下利率的歷史新低紀錄。

美國 30 年期政府公債殖利率低到僅 2.5%，10 年期更低到不足 1.5%。更可怕的是台灣 30 年期公債標售利率破了新低，僅 1.8%，10 年期公債利率也只有 1%，顯示市場資金不顧利率反轉風險，咬死公債已經少得可憐的利率不放。

與其說不顧市場利率反轉風險而爭奪僅 1.8% 利率的骨頭啃，倒不如說是根本沒有反轉風險的顧慮。到金融市場上去問一問，有哪一家保險公司或銀行及法人機構預期台灣的利率將大幅上升？

台灣的 M2[2] 是 GDP 的 2 倍，資金既不敢投入股

---

❷ 指總體貨幣供給額 M2 ＝ M1B ＋準貨幣（quasi-money，企業個人定存及外匯存放郵儲金）
M1B ＝ M1A ＋個人與非營利團體存在銀行與基層金融機構之活期儲蓄存款
M1A ＝通貨淨額（社會大眾手中持有的通貨）+ 企業及個人與非營利團體存在銀行與基層金融機構之支票存款及活期存款

市，民間借貸又乏力，再加上銀行緊縮土建融資與房貸授信，閒置資金更無去處，所以不買公債要買什麼？反正利率不可能上升，所有人都心知肚明，那就放債市至少還落得可保值。

2012 年美國有 2.8 兆美元債務到期，代表每個月需舉新債逾 2,000 億美元，美國一方面得期望日本、英國和中國大陸等美債大買家繼續捧場，另一方面也得靠聯準會繼續印鈔買債。

因此，維持美債價格穩定是吸引國際買家買單的重要條件；另外美元亦不能太弱勢，否則即使美債價格持穩，但美元走貶，恐怕也會降低國際買家買債意願。

2011 年美債全年上漲 9.6%，可以了解美國政府掌控美債得心應手。預期 2012 年美債仍將維持強勢，但殖利率再往下空間很有限。

類似情況和心態也不只台灣，美國道瓊工業指數愈漲成交量愈小，這並不是長多行情應有的表現；同時美債亦未因美股上漲而大跌，顯示市場資金冷眼看美股上漲，敢玩的人去玩，堅守債市的仍堅守債市。

明眼人都知道，美國政府不可能讓美債崩盤，無論如何，美國政府都要給美債投資人正報酬和安全的保本條件，這樣美國才能享受全球最低廉的借貸成本以維持政府運作；或者說的更明白，維護美國最大利益和國家的生存。

所以，長期的緊縮在債市利率低無可低，而股市風險持續上升下可說是一步步成形，去槓桿是閒置資金可能的出路，儘管油價上漲，但中國大陸經濟較弱，減低了對原物料的需求，再加上去槓桿仍在進行中，故 2012 年通膨再起的可能性不大。但還是那句話，2013 年就很難說了！

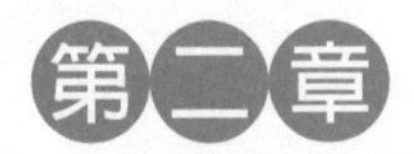

兩岸
共享繁榮或同趨混亂

中國人有錢了，逐漸開放自由化，房價高漲；台灣人生育率低落，錢一筆筆存到銀行裡。兩岸未來走向令人矚目。

2013 年是轉捩點！

中國人有錢了

中國人有錢了，是幸或不幸？這可能要看對象，例如對於法國酒莊可能就是天大的好消息。

根據波爾多葡萄酒行業協會數據顯示，2010 年波爾多瓶裝葡萄酒對中國的出口量是 2000 年的 39 倍。天呀！10 年增加 39 倍。2009 年波爾多葡萄酒對中國的出口量較 2008 年增長 97%，出口額增長 40%。由於大陸人的買盤，1982 年的拉菲羅斯希爾的價格在過去 10 年增長了 14 倍。

中國到底有多少財富？

瑞士信貸集團（Credit Suisse）指出，中國取代日本成爲世界第二大經濟體後，未來幾年中國消費者可能壓過日本。

2010 年發表的首份《全球財富報告》中，瑞士信貸曾預測，中國家庭總財富到 2015 年將增至 35 兆美元，增加逾 1 倍。中國的財富規模目前居世界第三位，僅次於美國的 58.1 兆美元和日本的 25.9 兆美元，比排在全球第四、歐洲第一的法國高出 40%。

10 年前，世界財富榜上中國只名列第七。日本的財富總量在過去 10 年只增加了 5%，這主要是由於日本成年人口的增長率只有微不足道的 3%，而股票和房價又停滯不前。

全球總財富比較表

	美國	日本	中國	法國
2002	37.8	17.3	6.2	5.9
2010	54.6	21.0	16.5	12.1
2011	58.1	25.9	20.2	14.0

資料來源：瑞士信貸　　單位：兆美元

你是中產階級嗎？瑞信將個人財富在 1 萬到 10 萬美元的人稱爲「中間階層」，全球共有 10.6 億人屬於這個階層，其中 1/3 是中國人，占比最大。這階層的人口占全球總人口的 23.5%，他們占有全球總財富的 14%。

中國人錢花在哪裡呢？2005 年中國消費總支出中食品占 34%，預計到 2015 年食品占比將降到 25%，醫療、娛樂和交通方面的支出將會增加。

你想投資紅酒嗎？還不如看看茶葉。

所以茶葉可以看看了，大陸人的確會爲聞名遐邇的大紅袍付出大額的金錢。大紅袍跟烏龍茶相似，也是一種半發酵茶。

知名的武夷星茶軒（Wu Yi Star Teahouse）所售的國賓大紅袍售價爲每兩 16,800 港幣（約 6 萬 5,000 元新台幣；其他品牌的大紅袍售價則爲每兩 138 港幣），每年這裡的國賓大紅袍茶葉都會快速銷售一空。

中國財富快速地在30年內累積，創造了人類歷史上從未有的經驗。從未有任何一個地方能如此快速發展和累積財富，唯有中國。但快速的財富累積，造成了許多問題和怪現象，上述的茶酒只不過是中國眾多怪現象之一罷了。

大陸的房市是全球矚目的焦點。

2003年，北京平均房價1平方公尺大約是5,000人民幣左右，10年來，北京房價約略漲了5倍，目前北京的平均房價大約1平方公尺是2萬5,000人民幣。

10年漲5倍是什麼概念？大約年平均房價上升16%。問題是，大陸居民所得成長在過去10年間能有年增16%的機會？答案當然是否定的。那爲什麼房價會出現如此的飆漲？答案很簡單，就是財富分配不平均，以及貨幣增長過速所導致。

舉例來說，2004年時，大陸的M2是20兆人民幣，但才短短不到10年，就上升了逾4倍，2011年底達到

85 兆人民幣，驚人的貨幣成長主要來自大陸過去 10 年來累積的鉅額貿易順差和外資的匯入。

講白話一點，就是大陸過去 10 年全球資金大量淨流入，而中國又實行外匯管制，資金大體上除了進口貿易所需外，幾乎是只進不出，自然造成人民幣淹腳目的現象。這麼大量的人民幣就如同巨浪般沖到房地產市場，因爲中國人堅信有土斯有財的觀念，再加上過多的貨幣造成物價快速上漲，如果不買房產保值，那錢要做什麼用呢？

據外媒的估計，全中國大陸大約有 3,000 萬套的空屋，或有人說有 8,000 萬套。無論多少，大陸房市存在超額供給是不爭的事實。據 2012 年 2 月統計，全中國大陸在建的房產面積達 29.8 億平方公尺，代表全中國每人增加 2 平方公尺多，這個數量代表未來 3 年全中國都不蓋一棟樓也不會有供給面不足的問題。

到過大陸的人都知道，車在路上行駛，兩旁最常見到的景象就是接連不斷的建築工地，一座又一座的高架吊臂，彷彿全世界的高架吊臂都給運到中國來似的。

中國大陸的經濟成長與房產產業脫不了關係，房產業估計占中國的 GDP 達 12%，而泛房產業，包括家電和家具等產業在內又占了中國 GDP 約 25%，兩者相加占中國 GDP 近 4 成，可見房產產業對中國經濟的重要性。

中國鄉村人口進入城市的趨勢促使了大量的居所剛性需求，估計大陸每年約有 1,500 萬鄉村人口進城，這種剛性需求直到 2015 年都不會減少，最終大陸城市人口將會遠遠超過鄉村人口，而目前大約 13 億人口城市與鄉村正好各半。

大陸人民對房產有種近乎偏執的狂熱，除了剛性需求對房產的拉力外，換屋改善生活空間與投資置產的需求，亦同是拉動房產的力量，再加上貨幣超額供給與物價連年上漲，使得大陸房價出現快速的飛漲，偏離了一般居民所能負擔的上限。

大陸房價每平方公尺超過 2 萬人民幣的地方除北京外，還有杭州，西湖邊的湖景房每平方公尺甚至超過 10 萬人民幣，上海、深圳、廣州與南京每平方公尺房價也早已上萬元。上萬元人民幣換算新台幣每坪達 15 萬元，這對平均所得僅台灣 1/6 的中國大陸老百姓是何其沉重的壓力。北京房價是居民可支配年所得的 18 倍、上海 10 倍、深圳 16 倍、杭州 16 倍、深圳 14 倍、南京 10 倍。

高房價對大陸年輕人來說根本是個絕望的議題，大陸近幾年來每年有 600 萬大學畢業生，一年新增就業人口達 1,200 萬。大學學歷在上海起薪大約是 2,000 到 3,000 人民幣，以一戶 100 平方公尺的房子來說，最低也要 150 萬人民幣，就算是不吃不喝不用把全部薪水都存下來，一年也只能存 3 萬人民幣，存個 50 年才能買房，年輕人買房根本是神話。

房價太高壓抑了大陸的民間消費，大陸的 GDP 規模達 47 兆人民幣，是全球第二大經濟體，但民間消費占 GDP 僅 40%，相對美國的 70% 少許多，原因何在？

其一是居民儲蓄率高達 40%，美國僅 5%，大陸人把錢都存起來不花；其二是房價太高，相對排擠了其他方面的消費支出。兩岸民眾都喜歡存錢，除了天性外，直接的理解是對未來存有不安全感，總覺得多點錢存在戶頭裡心安點，這種想法限制了消費，亦造成了閒置資本的問題。

大陸房市會不會崩盤？

這個問題眾說紛紜，主張 YES 的人說房價所得比[3]太高，空屋數千萬戶，房價飆漲太不合理，未來幾年內一定見崩盤。主張 NO 的人說，大陸都市化的人口流動足以支撐房價，且大陸資金太多不可能撤出房市；另外，房產業占 GDP 比重高，且涉及金融信貸安全，中國官方絕對不會讓房產崩盤，否則中國經濟一定硬著陸，一旦房產出現失控跡象，官方即會放鬆調控，不可能崩盤。

[3] 房價所得比指住房價格與城市居民家庭年收入之比，亞洲國家的房價所得比普遍偏高。

這兩造說法都很有道理，倘若你問我的看法，我傾向後者，也就是大陸房產不致崩盤，未來幾年房價可能小幅回弱，但中長期卻不可避免的將再上漲。

中國官方從 2010 年開始打房，大陸國務院一道道打房金牌稱之爲「國 X 條」，目前已經不知搞到國幾條了。

打房的結果眞的使房價回軟了，2012 年 2 月，大陸 70 大城市房價已經連續 5 個月回跌，但並未出現崩跌，只是成交情況很不理想，出現了整體價跌量縮的情況。不過，從 2010 年以來，大陸大型房企並未出現倒閉現象，儘管房企資金緊張，但都還能撐下去，足以證明整體房市尚未失控。

所以，未來觀察重點會在大陸大型房企能否不倒，只要房企不倒，我認爲大陸房市就不會失控，但價格的調整是勢在必行的。故赴大陸買房尚不必急於一時，以目前風向球觀之，大陸官方仍非常堅守打房政策，只要調控一天不放鬆，大陸的房價就沒有太大的道理會大漲，故買房不急，但可開始找尋好的投資標的，一旦官方有放鬆跡象，大概大陸房市的春天就不遠了。

相較房市，大陸股市也是觀察重點。

大陸股市的歷史才10多年，眞正起漲是2005年的事。05年到07年陸股狂飆，指數挺升了6倍，股民瘋狂，但眞正賺到盆滿缽滿的是大戶和一些有權有勢的人，小股民在07年崩盤時受了大傷。

當年上海證交所綜合指數（簡稱上證指數），從6000多點一路崩跌到09年最低的1600點，之後反彈了一些，但2010年與2011年又連跌了2年，讓上證指數跌到了10年線之下，2012年初停留在2300點的10年線附近。大陸股民譏諷陸股是「10年兩茫茫」，回到10年線代表10年白玩了。

陸股表現這麼差，照理說不應對陸股有啥興趣才對，但從陸股甚短的歷史經驗來看，大陸股市從未連跌2年，若此一邏輯不破，2012年陸股全年應有正回報可期。此外，大陸調整房市，勢將引導過剩資金流入股市，且陸股於 2012 年初本益比 11 倍，相對 2007 年最高點時的 40 倍，眞的是便宜太多了，此時導入游資也很合理，故陸股將有條件，也有機會上漲。

此外，2012 年初大陸發生了二件重大事件將影響深遠：其一，大陸決定分成 10 年開放資本帳，也就是以 10 年爲期，讓大陸的境內資金可在一定程度內自由於國際流動，這是何其重大的事情。其二，大陸將改革國有銀行的獨占地位，並逐步開放地方金融。

這兩件事合起來，大陸已正式昭告全球，將正式展開新一階段的**金融自由化期程**。

這對陸股來說是重大利多，而且是長期利多。以台灣經驗來說，台灣是在民國 74 年，也就是 1985 年准許新台幣升值，這是金融自由化的開始，當時 1 美元兌 40 元新台幣，事實上，1949 年幣製改革 1 美元可兌換 7.5 元新台幣，而直到 1989 年，僅不過 4 年，新台幣兌美元就升值到 28，升值幅度達 30%。

由於新台幣持續升值，外資流入，再加上當時貨幣供給額超高，遂造成股市房市狂飆。台股從 1987 年的 1000 點起漲，到 1990 年，僅不到 4 年時間就漲了 10 倍，指數攻上 12682 點，全民瘋股舉世轟動！

2012 年 4 月，大陸宣布將外資可投入陸股額度由 300 億美元進一步擴大到 800 億美元，一舉擴大 500 億美元，此一政策利多直指官方做多心態。台灣曾在 1990 年正式開放外資投入台股，並一路擴大開放額度、解除外資禁令，直到 2003 年全面解除所有外資限制，台股從只准內資投資到外資全面解禁，成了外資主導的資本市場，而台股也在 1998 年及 2000 年兩次重登 10000 點。也就是說，1990 年的台股萬點行情是內資所主導的，而 2000 年的萬點行情則是內外資共同主導的。

從台灣開放資本國際自由化的經驗來看，未來 10 年將是大陸資本市場大翻騰的 10 年，大陸的資本市場，亦將由純內資主導進一步成爲內外資共同主導的市場。大陸將必然持續放寬外資對陸股的投入，而人民幣亦將持續升值，以引導資本持續進入大陸，台灣的經驗將在大陸複製；換言之，10 年內上證指數再重登 2007 年的歷史高點，即6000 點之上，對這一點，我個人絕對不會意外。

台灣人在擔心什麼

台灣人存了 20 兆的類定存（其中有 13 兆定存、郵政儲金 4.8 兆、外幣存款 2.6 兆），這眞的是很恐怖的事實。存這麼多錢在年息只有 1.4% 的帳戶裡，不合道理。因爲：

1. 通貨膨脹超過定存利息：2012 年通膨達 2%，定存只有 1.4%，台灣是負利社會，錢會愈存愈少。

2. 房貸利率 2%：照理說有錢存定存就應該先拿來還房貸，否則會白虧給銀行。可見存定存的人是沒有房貸的；也就是說，有錢存定存的人不是沒買房子，就是有房子沒房貸的有錢人。

我想存定存的人多數應該是有錢但沒房貸的人，不一定多有錢，反正是沒房貸，否則他們應該會拿定存還掉房貸。

台灣爲什麼有這麼多人存了那麼多錢不花呢？不花一定有原因，尤其是錢會愈存愈少的今天，不花是很奇怪的事。

社會的閒置資金是很可怕的，它一方面不會促進經濟發展，經濟發展需要資金活水，投資和消費都會促進經濟發展，閒置資金不會。

另一方面，閒置資金會帶給銀行很大壓力，銀行收了存款要貸款出去，否則銀行會被壓垮。但經濟若不好，銀行又不敢亂貸，怕吃到倒帳，結果就是壓縮利潤空間，最後沒有人有好處，台灣現今就屬這種狀況。

結果銀行只敢往最安全的地方貸款，有十足抵押的，而且又會上漲的，像是房地產，搞了6兆的房貸，上兆的土地融資和營建融資，結果是促進了房地產的資金活絡，房產價格被推高了，但小老百姓受苦了，眞是荒謬。政府想打房，既怕打到一般房貸族，又怕打到銀行，投鼠忌器。

台灣人不花錢，結果內需成長有限，經濟仍大量仰賴貿易，進出口總額占 GDP 比仍超過 100%，只要國際經濟走下坡，台灣景氣變差，股市就大跌，一點緩衝機會都沒有。民間投資往往跟著國際景氣走，忽上忽下，也不具備穩定經濟力道。

爲什麼台灣人寧可把錢放定存也不花，我認爲是一種不安全感作祟。過去 40 年來，兩岸關係時好時壞，台灣人總有種不安全感，所以台灣人喜歡移民，這對台灣的經濟很傷，人才外流。一有不安全感就會想存錢，因爲對未來有種不確定感，一定會多留現金在手邊，這是人性。台灣選舉又多，每到選舉藍綠兩黨總是爭鬧不休，統獨又成話題，搞得全民緊張，自我挫傷。

除了兩岸問題外，台灣的退休制度在所得替代率上明顯不足，缺口太大，這也會使得老百姓想自己存退休金，尤其是民眾普遍對政府的財政不具備足夠的信心，很多人認爲將來政府會破產，未來不見得會領得到勞工退休金，所以靠自己存的想法盛行。

政府將來要推長期照護保險，而且是全民強制加保，我看可能是繼全民健保之後另一財政大災難。即使不是災難，老百姓又要多納一筆錢，可支配所得又要降低，又會再排擠消費支出。

除此之外，生兒育女也是個大問題，生一個小孩養到大 800 萬的說法眞的嚇到台灣年輕人了，後知後覺的政府在這個說法大行其道之時也不會出來滅火，這把火一燒就好幾年直到今天。

台灣現今生育率全球僅次於德國，全球倒數第二低，跟新加坡這個頂客族國家相比不遑多讓。但是新加坡有移民政策，一年移入 10 萬到 20 萬菁英，台灣什麼都沒有，「反淘汰」[4] 促使菁英出走，眞可悲。

---

[4] 劣幣驅逐良幣。淘汰是留下好的，去除不好的，反淘汰則相反，留下不好的，去除好的。

年輕人不婚不生，所得倒退。根據主計處的統計，2012 年 2 月台灣的實質薪資倒退到 13 年前，連 34,567 元都沒有，養活自己都有困難，難怪不生。

政府看得到嗎？各部會、各地方政府各行其是，台北市做台北市的鼓勵生育政策，內政部做內政部的，不見資源整合，也不見長遠規劃，以爲補助個幾千元就會產生生育誘因，太天眞了，官員也眞好幹。

教育呢？台灣最自豪的，教育現今也是一團亂，12 年國教吵得不可開交，搞得台北市和中央翻臉，大學搞招生花招百出，爲了學校生存竟然什麼條件都可開。教改之後全台有 100 多所大學，時下高中生不用考都可上大學，一些大學的品質之差只能用恐怖來形容。我一位朋友是南部某大學的系主任，他說校長告訴他最重要的工作就是招生，招生招得好就是學校紅人，招不好就準備走人。教學不用品質，一切以招生爲重心。

台灣眞的在反淘汰，看看韓國，國民所得已經超越台灣，韓國人可沒說中國大陸是韓國的市場腹地，韓國

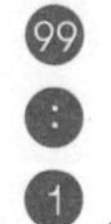

可沒和中國大陸同文同種，韓國還有一個整天說要摧毀首爾的北朝鮮，結果韓國人的三星打敗了台灣的 2 兆雙星，韓國人的現代汽車全球銷量是裕隆的 20 倍，現代汽車甚至比裕隆還晚成立 10 年。

第三章

圓的地球

平的視界

所有的國家在全球化的趨勢下再也無法倖免。
富者愈富，貧者愈貧。

民生經濟
是當前最火熱的議題！

全球化下後遺症
貧富差距拉大

麥克魯漢（Marshall McLuhan，1911-1980）自 1960 年代提出「地球村」的觀念以來，全球化就被視爲理所當然。經濟實力強大的國家無所不用其極地運用全球化的正當性，將金融、經濟的觸角伸入全球各地。半個世紀以來，富裕國家與新興市場國家的財富持續成長，但卻形成了貧富差距日益加大的社會問題。

然而，史無前例的金融風暴在 2008 年重創全球財富。根據美國人口普查局（Census Bureau）年度生活水平調查報告顯示，經濟衰退使得美國家庭收入減少，導致貧困人口增加，甚至讓更多人負擔不起醫療保險。2008 年美國家庭收入中值下降了 3.6%，跌至 50,303 美元，爲 40 年來的最大年度跌幅。貧困率爲 13.2%，也達到

1997年以來的最高水平。

金融風暴源於「次級房貸」，始作俑者的美國自然深受其害，直到2009年9月，美國失業率已攀高到了9.7%，有超過10個州失業人口達到10%以上，甚至有些地方的失業率上達30%，幾乎可用遍地哀嚎來形容美國人的慘況。股價房價大跌，再加上沒有工作，2008年經通貨膨脹調整後的美國家庭收入中值爲1997年以來的最低水平，這意味著許多美國中產階級的生活標準倒退了10年。

台灣的情況亦不樂觀，2008年台灣第二季經濟出現崩跌，2008年一整年股市慘跌，讓許多人嚇傻了眼，2009年1月出現了史無前例的出口負成長44%的紀錄。同一時期，台灣許多上班族接到了裁員的通知，「無薪休假」成爲企業應變的手段，直到同年8月分，台灣失業率亦突破了史無前例的6%，當時66萬勞工面臨了無薪斷炊的無情命運挑戰。台灣整體家庭財富也嚴重倒退，最明顯的數字就是GDP於2009年負成長了1.81%，這個數字等同3,000億新台幣不見了。除此之外，還有股市和房市下跌的損失，台灣人可說是面臨了財富大縮水的命運。

2008 年的美國次貸風暴爲何會如此嚴重的侵襲台灣？

水可載舟，亦可覆舟，全球化使然。因爲地球村和全球化，**美國的問題就是全球的問題，經濟力愈強大的國家的問題就形成了全世界所有國家的問題**，弱小國家是被宰制的，絲毫沒有能力反抗，也無從反抗起。

而根據聯合國大學世界開發經濟研究所（UNU-WIDER）在倫敦和紐約聯合國總部同時發布的《世界家庭財富分配報告》，顯示世界財富分配極不均衡，其中最富有的 2% 的人擁有世界 50% 以上的財富。

這家位於赫爾辛基的研究所發布的報告，是國際上首次發布包含世界所有國家以及所有財產構成的研究報告。

報告指出，2000年時，世界家庭財富達到名目125兆美元，平均每人20,500美元。其中最富有的1%的人擁有世界財富的40%，最富有的10%的人擁有世界財富的85%；相反，世界底層的半數人口僅僅擁有世界財富的1%。

從區域分布來看，財富高度集中在北美、歐洲和亞太高收入國家，這些國家的人擁有世界財富的90%。世界最富有的1%人中，有37%生活在美國，27%生活在日本。2000年，美國人均財富14.4萬美元，日本18.1萬美元，而印度只有1,100美元，印尼1,400美元。從人口分布來看，北美、歐洲及亞太高收入國家人口少，卻擁有世界財富的大多數。相反，人口眾多的中國、非洲、印度及其他亞洲低收入國家卻擁有較少的世界財富份額。北美人口只占全球的6%，卻占了全球家庭財富的34%。即使在各國內部，財富分配也不平衡，中國10%的富人占據社會財富的40%，美國10%的富人占據財富的70%。

2011年，美國出現了反富浪潮，部分不滿社會財富分配不均的人走上了街頭，發起了「占據華爾街」運動，並演變至全球性議題，「We are the 99%」口號震撼人心，正式揭示了貧富差距作爲世界議題的序幕，此將成爲人類未來50年最重要且最深層難解的議題。

富人的反思

2012 年美國總統選舉打得最火熱的議題之一就是稅率，歐巴馬的競選對手、共和黨的羅姆尼，2010 年適用的所得稅率低於許多美國中產階級，他收入 2,170 萬美元，適用稅率僅 13.9%，個人財富估計達 2.5 億美元。

抓住了羅姆尼的小辮子，歐巴馬聲稱，富豪獲得這種待遇對許多人而言並不公平，他正在推動所謂巴菲特規則（Buffett Rule）的提案，未來將要求年收入 100 萬美元的納稅人適用 30% 的稅率。

歐巴馬的報稅資料顯示，他與第一夫人蜜雪兒·歐巴馬（Michelle Obama）2011 年賺進 78 萬 9,674 美元，這是扣除可扣項目後的金額，適用稅率 20.5%，繳交 16 萬

2,074 美元的稅金。歐巴馬當總統的薪水 40 萬美元，約占總收入半數，其餘收入來自他寫的多本暢銷書。

2012 年除了美國總統大選外，歐洲的政壇也是風雲變色。

荷蘭首相呂特請辭之外，最受全球矚目的當屬法國總統大選的變天。執政的法國總統薩克奇竟在第二輪選舉以 48.5% 比 51.5% 約 3% 的選舉差距落選，法國社會黨奪回失去 15 年的政權。

事實上，2009 年歐債危機以來，歐洲國家的執政黨像是骨牌般接連倒下，迄自 2012 年中已有 11 個歐洲領導人下台，包括最近的薩克奇在內，都是因爲經濟不佳，人民生活水準下降所導致的民怨沸騰而下台。所有打垮執政黨的反對派，一致最有力的訴求就是民生和經濟！

歐洲人現在知道了，苦日子來臨了，經濟不好，物價偏偏又高得嚇人。我去歐洲，從維也納火車站坐計程車到維也納機場，短短20多公里的路程，車資竟高達50多歐元。在歐洲隨便吃個三樣式的套餐，就只有湯、主菜和甜點三樣，起跳價都是20歐元，連上個公共廁所都要0.5歐元。這種物價，台灣去歐洲的旅行團，一般團費都是以日計，大約玩個10天是10萬台幣，1天1萬很正常，一家4口人，去10天就要40萬，想想這樣的消費，世界上有多少人能玩得起？

經濟不好自然趕執政者下台，但是繼任者會做得更好？恐怕大有疑問。

歐洲新上任的繼任者可能改採擴張經濟路線，將過去由德法主導的緊縮路線做調整，但空間很有限，因為家已經敗了。歐洲政府的財政能支援多少的擴張呢？歐洲央行又如何能再多印鈔票呢？最終歐洲只剩下一條路，就是德國最後同意發行歐元債券，向全世界再借入更多的錢，但這樣就能起死回生？恐怕又是另一個問號。

歐洲、美國儘管經濟不好，但有錢的人還是很有錢，全球貧富差距日益擴大，富人開始反思如何致力財富平均，巴菲特是其中著力最深者之一。2006 年 6 月巴菲特公開簽署了捐款意向書，向 5 個基金會捐助 85% 的財富，共 375 億美元，這是創紀錄的一筆捐款義舉。它標誌著富人的反思，錢眞的是個人所獨有的嗎？

曾爲美國最有錢的富人，石油大王卡內基曾說過：「**帶著鉅富而死，是一種恥辱。**」這句話簡潔有力，它告訴我們，創造財富在個人，但要懂得分享和回饋，運用財富創造更多的幸福，才是配得財富的智者。

政府要適切分配資源協助社會底層

儘管貧窮是全球共通的問題，因爲貧富差距擴大而產生社會對立的氣氛愈來愈濃厚，富人開始反思如何助貧，但這畢竟只是少數的富人，多數的富人仍過著不問世事的生活。

2012 年臉書上市 IPO[5]，成爲全球互聯網的大事，但臉書共同創辦人之一的 Eduardo Saverin 握有價值約 38.4 億美元的股票，爲了節稅，他放棄美國公民權成爲新加坡人就是一例。Saverin 大約擁有臉書 4% 的股權，這大約價值 38.4 億美元。

[5] Initial Public Offerings，指企業透過證券交易公開向投資者增發股票，以募集企業發展的資金。

協助社會底層是執政者和政府的責任，社福是基礎，但更重要的是教育和脫貧自力的機制。政府在資源分配上應著重效率和優化。執政者應扮演國家整體資源分配者的角色。

過去 10 年，台灣執政者在經濟發展資源的分配上，我們已看到了嚴重的失策和錯置。2011 年台灣出現了所謂的四大慘業：面板、DRAM、LED、太陽能產業均嚴重虧損，單就面板業就虧損了 1,533 億元，而 2012 年第一季又虧損了 290 億元；DRAM 情況也不妙，2011 年虧損近千億，2012 年首季單力晶就再虧了 55 億。

DRAM 產業爲台灣重點扶持的產業之一，政府與民間資源大量投入，過往 11 年來力晶等 5 家 DRAM 廠，合計投資 9,000 多億元，期間 2001 至 2010 年創造近 2 兆元的營收，但盈虧合計仍然是大虧 2,200 多億元。過去 10 年來，藍綠執政者無不將國家資源大量投入面板 LCD 與 DRAM 這雙 D 產業，但回收的成績單卻是慘不忍睹。最初政府希望雙 D 產業能成爲台灣繼晶圓代工之後下個金牛產業，打出了 2 兆雙星的口號，但最終竟淪

爲2兆傷心。

繼雙D產業後，近年來執政者最常掛在口上的產業就是綠能產業，太陽能和LED變成當紅炸子雞，但看看這兩個產業又繳出了什麼成績單。2011年太陽能產業大虧，甚至有公司虧損半個資本額，而2012年首季上市櫃太陽能公司幾乎全數虧損。LED情況稍好，但能維持獲利不墜的公司並不多，大多僅能隨著景氣載沉載浮。

如果以事後諸葛來看，台灣過往10年經濟發展上的資源配置是出了問題，如果執政者在分配資源和前瞻規劃上不做邏輯上的調整，我們怎能期待未來10年台灣經濟會有更好的發展？資源的配置會不會再發生另一次的錯置呢？

相對而言，政府對底層人民的資源分配是不是也有同樣的問題？或是更大格局來看，對全面的社會福利或社會資源的分配，也有同樣的問題？

目前的社福著重於生活的補助和救助，但進一步的協助脫貧似乎就顯得乏力許多，這方面或許應做全面的檢討。尤其是在台灣選票文化當前下，政客似乎把社福當成競選支票，朝野政黨每逢選舉無不大開社福支票，嚴重扭曲資源的分配，老農年金就是一例。老農是該得到妥善的照顧，但絕非片斷的年金發放式照顧。可惜的是，無人去深思和檢討，因爲選票最重要！

靠人不如靠己，正向思考！了解了全世界的宏觀大格局後，緊接著，我要告訴你如何創造自身的幸福和財富，這一切都與宏觀格局有關，但更重要的是，你得樹立自己的思想和建立與眾不同的能力。

2

想像 改變 理財力

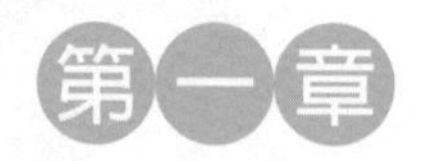

財富的心靈藍圖

別人挖坑給你跳？錯了！坑都是自己挖的，別人只是幫你把土埋上而已。

每天努力，由自己開始。

有錢
是一種必需的生活條件，
而不是想要的生活條件

習慣走向富有

如果我們不能只寄望政府，那應該如何自我提升向上？

貧富差距在全球每一個國家、不同社會已愈來愈明顯，挫折、現實和競爭力消磨了多數人與生俱備的意志力，精神耗弱的疾病愈來愈流行。

憂鬱症、焦慮症、恐慌症四處橫行，自殺、衝突層出不窮，導致酗酒、抽菸、吸毒等自我墮落行爲，而肥胖、高血壓、糖尿病等都是因爲放任生活型態，以及對自我未來的放棄所產生的不運動、消極情緒造成。

在此，我要告訴你：貧窮會導致精神問題。

心中貧乏，兩手空空。既無實質可見的財富改善生活品質，並應用你的財富去幫助和創造社會更大的價值，也不利於身體和健康。

基因沒有問題，有問題的是習慣。

五種習慣導致貧窮，包括：愛面子、不務實、消極、窮酸與不理財。

五種習慣走向富有，包括：堅毅、果斷、勇氣、盤算與大格局。

習慣建立於觀念之上，且貫徹於行動力，這三者配合就是完整的人格。沒有人是完美的，但對於已知曉且會危及走向富有的習慣就要改變。

例如，愛面子，它會使你不願面對事實。我看過很多喜歡打高空、說大話的人，他們共同的特徵是誇大，久而久之，他們對務實的去規劃人生和取得財富變得興趣缺缺，總想快速致富，這類人搞不好的容易淪爲騙子，即使不做騙子也會一事無成 。

愛面子與不務實是連在一起的好兄弟，消極和窮酸又何嘗不是呢？

消極的人，做事不起勁。你可以仔細觀察身邊的人，那些永遠懶散、做事不起勁的人，他們會有什麼傑出的成就嗎？這類人通常不善與人交際，出手不大方，常斤斤計較一些小事、小錢，這樣的人不會被人喜歡，那又如何能有多元的財富來源呢？

理財力很重要，理財力建構在完整的財務觀念，有了理財力，才能有理財執行力。不理財很多情況是不懂理財，這方面之後會有完整的陳述。

附帶一提，台灣的理財教育做得不好，很多大學生畢業了都還不知道債券是什麼，連基本的殖利率都沒有概念，甚至不知道一張股票是幾股，這代表台灣的理財通識教育很差，這方面一定得加強。

相對於排拒財富，堅毅、果斷、勇氣、盤算與大格局也是相依相生。

通常堅毅的人都具備果敢，同時會盤算，器度和格局也與人不同。這類人會散發一種吸引人的人格特質，使人想與之靠近和學習，而他們也很容易取得他人的信任。

如何培養走向富有的習慣？

要從心養成。第一步就是要寬心，自是「心遠地自寬」。所謂心，就是眼界和觀念，也就是思想，你要解放你的思想，讓它朝向更廣闊的天空前行，不要侷限它，你需要每天和你的思想對話，你每天都要告訴自己，要讓我的想法更廣闊。

同時，你要從日常生活中培養優良的人格特質。多運動是一個入門的方法，持之以恆的運動可以讓你變得更堅毅。還有就是具體的心靈鍛鍊術，由心靈的反覆修持養成一定的人格。

重點是行動，千萬不要做思想上的巨人，行動上的侏儒。

養成習慣就從今天開始，不要再有藉口。不超越自我，如何掌控環境？

養成有錢人的習慣。第一步驟：鍛鍊專注。第二步驟：強化自信。第三步驟：超越自我。模仿、觀想與沈靜。目標、目標，還是目標。

每天必做的功課：除盡心中的雜念。心中複誦：勤勞、財富、成長、擴張、繁榮、慈悲、樂觀。同時告訴自己：我的生命極有意義，我能創造，我能發揮，我具備與生俱來不同的生命價值與生活意義，我就是宇宙，世界因我而美好。

我鍛鍊的方式是跑步，每天運動 1 小時，對我很重要。我通常會先快走 30 分鐘暖身之後再跑 20 分鐘，之後再走 10 分鐘，這樣大約是 5 公里的距離。

走路時，我會思考未來，想一些需要規劃的事，例如我演講的內容，或是上節目談話的方向。跑步時，我會專注在體能消耗，但重點是，我會藉由體能消耗所產生的壓力，同時強化自我的信念。

這時，我會在心中複誦每天的功課，另外，我也會在運動時背誦「心經」，我覺得它會給我帶來平靜和淨化，你也可以試試。

我希望你每天活在當下，感恩每一天度過豐富而多彩的生命；並期待迎接隔天更加豐富而絢爛生命的展開。

人性的劣根之源在於不會檢討自己。失敗的人最擅長的就是抱怨，成功的人都是默默承受。失敗的人一生都在為不幸找理由，忽略了導正方向、檢討自身才是步向成功的不二法門。

試想，如果已經迷航的水手，還專注於抱怨運氣差，或同船的伙伴不工作，那他能注意海象的變化與航海圖的方位嗎？

所以，財富未達理想，不要怪別人，要檢討自己。坑不會是別人挖的，但肯定最後送你一程、幫你把土埋上的會是你身邊的人。

想想你個性上的優點與缺點，現在立刻把它們寫在底下。

想像力
財富的原動力

金錢不可能是萬能，這個世界上，錢能解決的事，都是小事。眞正的大事，可不是用錢就能解決的！

但爲什麼我們要追求財富？

追求財富並非只是盲目的尋求金錢的力量，它是一種自我成就的展現，與人生奮鬥的目標，儘管它不是人生全然的成就，也非唯一的奮鬥目標，但它是其中之一，而且是具體可實踐的。

失去目標和奮鬥力的人，生命必然是枯萎的，對未來沒有了憧憬，活著與死了沒有兩樣。

我們眼中的一切，都是我們心靈的投射。

如果你的生命只是辦公室到家裡，又從家裡到辦公室；如果你有感自己是「三明治」世代，每天被柴米油鹽壓得喘不過氣來；如果你不知道下一個階段生命的方向和意義，如果你沒有了自我提升的企圖心，那麼你將不會有更好的未來。你的人生是灰白的，你需要改變！

金錢像水，它會流動；它會向著對它有利的方向流動。世界的財富會向強大的國家流動，國家的財富又朝著強大吸引力的人士流動。

吸引金錢的人多半是具有強大自信心，且充滿活力的人，他們絕不懶散，有目的的過每個日子；相反的，排拒金錢和財富的，通常沒有想法，日復一日地過著相同的日子，生命在自然和時間中沒有成長的流逝。

貧富為何差距日益加大，從心靈來看，這世界上多數人並非活在自由自在且有活力的空間；相反的，絕大多數人都活在被動、灰暗、數日子過生活，而且沒有太多期待的生活情境下。

日復一日過著例行的生活模式是他們的寫照，這樣的人，你怎能期待他們能富有且生活饒富趣味？

如果你是這樣的人，那麼，你需要立刻改變！

現在立刻寫下「改變」兩字，並告訴自己「我要改變」。

如果你心中沒有一幅財富的藍圖，就無法想像將來能過著富裕的生活，那麼，你就不會有機會擁有這一切。創造財富的人，都是具有豐富想像力的人，他們的思想不受拘束，海闊天空地悠遊在各種創意的領域，他們具備思想上的勇氣，不放棄任何一個可以創造財富的機會。他們不會被動聽令他人，而是積極主動的尋求發展和創造的機會。我稱這類人爲：**思想和行動力上的富人**。

我的富人定義並非僅只於狹隘的金錢和資產上的富有，而是更廣闊的在思想和行動力上的富有。不可置信的是，當你擁有了超人的意志力、想像空間和堅毅的行動力，可觸摸的金錢財富就如同空氣、陽光和水一般垂手可得。

過去的我從來沒有財富想像力，現在的我有許多理想和使命。

過去的我，不知未來在哪裡，不知我可以追尋什麼；現在的我，深深知曉我未來要做什麼，以及我想要過什麼樣的生活，並追尋什麼樣的生活品質。

我的一切是如何改變的呢？這要從想要改變談起。

我出生在一個並非物質條件富裕的年代，1960 年代的台灣，普通老百姓生活貧苦，但充滿機會和希望，那時的台灣正準備起飛向上。

我常對 30 歲的年輕人說，我小時候眞的過過黑白電視和大同寶寶的日子，洗澡用煤球燒熱水，後來有原子煤碳終於方便了一點的記憶也不曾遺忘。年輕人都會用一種迷惑的眼神看我，好像聽我在訴說相聲中的劇情一般。那個時候會覺得苦嗎？一點都不會，因爲大家都如此。

財富對生活品質的提升和改善是有階段性的，回到過去才會覺得苦，當下不會。

我的第一棟房子是婚後生了二子後買的，大安國宅，當時新台幣 850 萬，從一位教授手中買下，這位教授一再告訴我這是間好宅，所以他堅持非 850 萬不賣。那時換算一坪約 28 萬，目前大約增值到 70 萬了。這間房子我住了 10 多年後轉手給我親戚 1,400 萬，後來這位親戚再轉賣時是 2,100 萬。同樣一間房子，15 年大約增值 2.4 倍。

15 年 2.4 倍是什麼概念？大約是每年 7% 的複利，所以房子是時間財。有人說房子是啞吧兒子，最近政府推「以房養老」大約也是這種概念，我同意這種說法和概念。至於爲什麼同意，以及如何賺取時間財，容我後續再詳說。

40 歲之前，我過的是上班族的日子；40 歲之後，我過的是自己安排時間的日子。40 歲是我人生的轉捩點。

上班族的日子很安定，也很固定，讓我有些茫然，茫然的有些不知所措。我總想改變些什麼，我在等機會。有天過馬路，斑馬線前一台等紅燈的機車騎士突然大聲叫我的名字，當時嚇了一跳，因爲那聲音有點熟悉但又突然，定神一看，那位騎士不正是我當兵時的連長。連長！原來他申請提前退役。我萬萬想不到，在軍中樣樣求第一、求表現的正旗班出身的連長，竟放棄軍旅生活提前退役到捷運局上班，做個老百姓。他厭倦了軍中，他想改變，我也要改變，不變不行！

不改變，我人生的路徑已經清楚可見，我的同事前輩，他們的今天就是我的明天；不改變，在這個職場池塘，我的成就無法超越我的同事前輩；不改變，我的財富無法突破；不改變，我大概一輩子就定案了。但改變有風險，萬一失去現在的一切，萬一愈改愈壞，有許多萬一，需要考慮、要有對策。改變需要勇氣，更要面對一切可能的挑戰和危機；不改變有安逸，但沒發展。改不改？變不變？要變！

40 歲才改變，眞的很晚了，但晚雖晚，至少比不變好。我的很多朋友、過去的同事不想變的、不敢變的，如今更變不了，因爲時間一天天的過，他們的條件也愈來愈差，年齡、體力和心態都持續老化，到了最後，只能任由時間摧殘。

我源自於想法上的改變，促使我產生行動力，行動上新的定位和方向，成就我不同的人生發展，這一切都是確切發生的。心念的轉變是苗生的關鍵，苗生它需要進一步的養分，而這養分在於生命自我追尋更好這一切力量的引導。

培養成功者的藍海領航格局

榮格說：「性格決定命運。」

這句話影響我很深，也是我很喜歡的一句話。我認爲人生的路徑就像蜘蛛網，命運在縱橫交錯的絲線上進行著，人生走到網上結點每個十字路口你都得做出選擇，而每次的選擇決定著下一步人生方向，所以，關鍵在抉擇。什麼促成抉擇呢？是性格。**性格決定了你抉擇人生的方向。**

什麼是性格決定命運？先前說過有五種組成排拒財富的性格，但相對亦有五種吸引財富的性格。2012 年 5 月，一連串酒後駕車撞死人的社會新聞，爲什麼有人酒後一定要駕車？這就是性格。

有的人，永遠就是看不清楚自身的性格，永遠以爲自己可以駕馭一切，即使是酒後也可以，這不僅害了自己，更害了無辜的人，毀了自己，更毀了其他人的家庭。

相反的，成功者都具備一定的人格特質，也就是具備了成功的性格，而這些必要的特質也是使他們成功致富的最基本因素。是哪些因素呢？

致富成功者首重的人格特質是想像力，也就是眼界和格局。

一個人的器度決定高度，視野的能見度在於想像力！每個人都應該問自己這三句話：

你要在池塘釣青蛙，還是尋找生命中無可限量的藍海策略？
你要用有限的時間換取自由的空間，還是用無限的時間換取一輩子的困頓？
你要過一成不變的生活，還是要創造生命未知的可能？

這些問題，是你確立改變的基礎，不要浪費時間。如果你不滿意現況，你就急須改變。因爲，今天不改變，20年後你會恨自己，你會恨自己的懦弱與無能。

假使你決定改變，而且做個令人仰望的巨人，你也應該問自己這三句話：

沒有變化哪需要計畫，如何站在趨勢的浪頭？
沒有巨人的肩膀，我們如何能眺望世界、看到地球的盡頭？
沒有螃蟹的冰魚，哪會有奮力一搏、全力求生的勇氣？

如果你確定從今天起改變自己，那麼你需要有對的池塘，要有對的環境，要有對的朋友。就好比在水桶中的冰魚，若不是螃蟹時時刻刻的威脅，怎能激起求生的意志？

你要的不是整天和你同病相憐的朋友，你要的是會激勵你的朋友。

改變自我的第一步，就是建立起創造與眾不同價值的心態，所以你必須知道：

1. **價值反映價格**：調整心態拿掉標籤是成功的第一步。

2. **改變慣性**：走出舒適圈是成功必要的蛻變。

3. **設定目標**：孤獨的鷹才飛得高。

創造市場價值的人才值得尊敬，時代在變，產業在變，心態更要變。

成功的模式有三個要件：**聚集資本和人脈、連結所有資源、發揮綜效**。

一定要有正確的觀念。

什麼是觀念，建立觀念前首先要破除刻板印象，不要對任何人事物有先入為主的成見，不要預設立場，其次一定要有積極的態度。

無論你是學院出身還是市場出身，你都需要有著不安於室的企圖心。因此你需要培養下面五種能力：**判斷力、執行力、溝通能力、親和力與毅力**。

如果你仍在職場，那麼職場競爭生存學的要點是：

1. 永遠不要說我做不到。
2. 別只做老闆交代的事。
3. 融入群體。
4. 超人一等的努力。
5. 別做目光如豆的豆豆先生。

什麼是超人一等的能力？它包括了：**觀察趨勢的能力**，不要只著眼當下；**蓄勢待發的能力**，隨時隨地問自己：「我準備好了嗎？」並積極建立與眾不同的能力，再次問自己：「我準備逆流而上了嗎？」

把致富變成一種習慣

巴菲特說：11 歲才第一次買下股票，他現在後悔開始得太晚。

李嘉誠說：人到中年管錢比賺錢更重要。

戴勝益說：理財教育就是生存教育。

21 世紀是金融的世紀，未來全球化的競爭主導的是資本力量的競爭。全球首富巴菲特後悔太晚買股票，11 歲就懂得買股票還開始得太晚嗎？亞洲首富李嘉誠說，人在 20 歲前是靠雙手勞力賺錢；20-30 歲靠的是努力賺錢和存錢；30 歲之後投資理財重要性逐漸提高，中年之後管錢比賺錢更重要。而白手起家的王品牛排董事長戴勝益則是大聲說出：理財教育就是生存教育。

財富取決於一個人的態度和觀念，態度左右行爲，觀念決定決策。

想要做有錢人，基本要求就是努力工作和儲蓄。

在不影響生活的情況下，要有決心、恆心，克制物質慾望。若以每月收入 3 萬元來說，只要把其中的 1/10 拿來儲蓄，累積半年之後也能存到 1 萬 8,000 元。

進一步來說，要做眞正的有錢人，還得學會理財。有錢人會把致富變成一種習慣，日積月累，在過程中累積財富、經驗和技巧。

理財就是理現在的財和未來的財。而財富會留在那些願意聽取意見，並懂得理財的人的手裡，遠離採用詐騙手法或過分自信的人。

第二章

利率、匯率與貨幣價格

理財之前，一定要先搞清楚：利率、匯率和貨幣價格。

妥善運用時間，
就是新的開始。

利率
貨幣的時間價格

利率相信大家都懂，錢放在銀行裡，銀行會給個利息，利息和本金之間的關係就叫利率。例如，100 萬台幣放銀行 1 年期定期存款得到 1.4 萬利息，那利率就是 1.4% 的年息。

因此，利率跟貨幣之間的關係，「時間」是很重要的元素。1 年期定存的利率是 1.4%，那 3 個月期的定存利率還會是 1.4% 嗎？當然不會是。

銀行希望吸引的是長期而且穩定的資本，以便做各種多元的放款和資金使用規劃，所以銀行會以更優惠的利率吸引天數更長的存款。所以如果你的資金想要愈靈活的調度，那銀行能給予你的利息就愈少。例如活儲或活存是幾乎沒利息的，準備買股票的證券劃撥款帳戶的利息更是幾乎爲零，主要原因就是如此。想要隨時提存，銀行得準備更多的無效率資本，當然就不可能給好的利息。

所以我們可以說，**利率是貨幣的時間價格**。在時間條件下，利率上升了，貨幣的價格就相對等的貴了，利率下降了，貨幣就變得便宜了。

利率操控在誰的手裡呢？

民國 72 年，當時 1 年期的合庫定期利率是 14%，而目前是 1.4%，爲何 30 年來台灣利率會僅剩下 1/10？30 年前 300 萬新台幣可過退休生活了，因爲當時不領本金，300 萬存定存，1 年會有 42 萬利息，每月還可以有快 4 萬元可花，而如今呢？300 萬剩下每個月不到 4,000 元的利息，請問，退休族如何靠領利息過退休生活？難怪台灣人對退休都有種莫名的恐懼。

匯率
貨幣的國際價格

央行主掌雙率，即所謂的利率和匯率。台灣是美元存底大國，央行掌有近 4,000 億美元的存底，這個數字很龐大，全球排第四位，僅次於中國、日本和俄羅斯。

4,000 億美元的外匯存底是全民的財富，其中絕大多數是台灣老百姓賺取的外匯，央行暫時替老百姓保存和管理。例如你和美國人做生意，賺了 100 萬美元，你把 100 萬美元匯入台灣帳戶，同時轉換成新台幣，假使換匯比例是 1 美元換 30 元新台幣，那你就換入了 3,000 萬新台幣，這 3,000 萬新台幣就由銀行轉給你，100 萬美元則最終由央行統籌管理，所以央行一手提供新台幣的供給，一手掌管外匯，是本國錢和外國錢最大的莊家。

新台幣匯率的升貶代表新台幣對國際貨幣價格的上升和下降。主要國際貨幣之中台灣以美元爲主，其次是歐元和日圓，近年來人民幣和韓圓也列爲新台幣相對升貶的重要觀察貨幣。

新台幣升值，一般是資金流入台灣，無論是貿易的經常帳流入或是外資匯入投資的資本帳的流入，經常帳加資本帳叫做國際收支，有點像是家庭的收入，它是國家現金流帳本。

台灣過往都是國際收支的順差國，顯少有逆差情況，有逆差也頂多是一季。國際收支順差代表資金整體是流入台灣的情況，既然流入台灣，大體上是要結匯的，也就是把各種外幣兌換成新台幣，這自然會造成新台幣的需求。

在供給需求原則下，大體上新台幣會升值，是因爲一直有新台幣的需求，倘若央行不增加新台幣供給需求，新台幣的匯價就會愈換愈貴，也就是升值。

因此，如果新台幣需求大增，而央行又不願新台幣過快或過大的升值，就會進場「買匯」干預，也就是買入美元同時賣出新台幣，增加市場上新台幣的供給量以壓抑走升的力量。

相反的，如果台灣出現大量的資金外逃情況，例如台海飛彈危機時，民眾搶換美元，會造成新台幣巨大貶壓。

據了解，1996 年台海危機爆發，當時因大陸試射飛彈恐嚇台灣，民眾擔心兩岸戰爭一觸即發，爭相搶兌美元現鈔，導致當時台灣所有銀行體系的美元現鈔一空，使得央行不得不商請美國政府緊急以 747 飛機空運美金現鈔來台，才緩解了民眾對美元的需求。

台灣若是出現資金外流而導致新台幣貶值，央行爲穩定民心和匯市，也會出手干預。但這時的做法就和阻升新台幣的手法相反了，這時反而是進場「賣匯」，也就是賣出美元，同時買進新台幣，以穩定新台幣匯率。

爲何穩定匯率是必要的呢？

因爲台灣的經濟很依賴國際貿易，台灣 1 年的外貿進出口總額超過 GDP 的 100%，這個比重很高，代表進出口對台灣很重要。進出口報價需要穩定的匯率，否則廠商很容易出現匯兌上的損失，而且不易掌握匯率成本。故央行會扮演穩定匯市的角色，央行總裁彭准南也有外匯殺手的稱號。

照理說，新台幣升值對台灣老百姓是好事，因爲匯率是貨幣的國際價格，新台幣升值代表新台幣貴重，新台幣的國際購買力大，台灣民眾無論是出國購物和旅遊，或是國內的資產價格都會更有利、更有價值。但問題是，新台幣若一直升值，那台灣出口廠商不就慘了！台灣生產的電子產品要如何賣到國外？所以新台幣中長期升貶的空間都有限，升多了終究一定會回貶，貶多了終究一定會回升，這就提供了新台幣匯差的操作賺錢空間。

由**圖 2.1** 可發現新台幣從 1999 年以來，這 10 多年

圖2.1

1999-2012年美元兌新台幣走勢圖

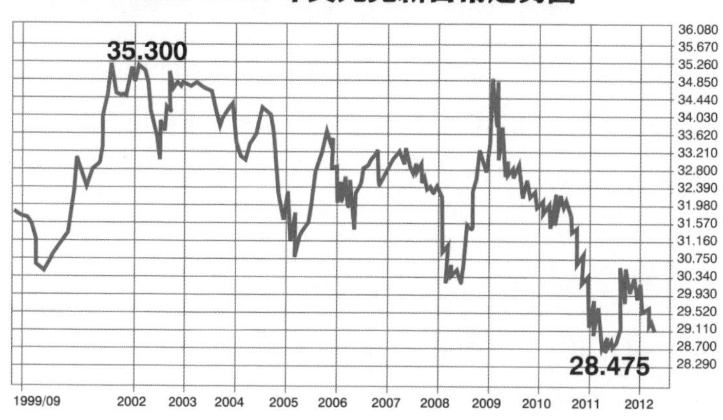

資料來源：XQ全球贏家

2000-2012年台股走勢圖

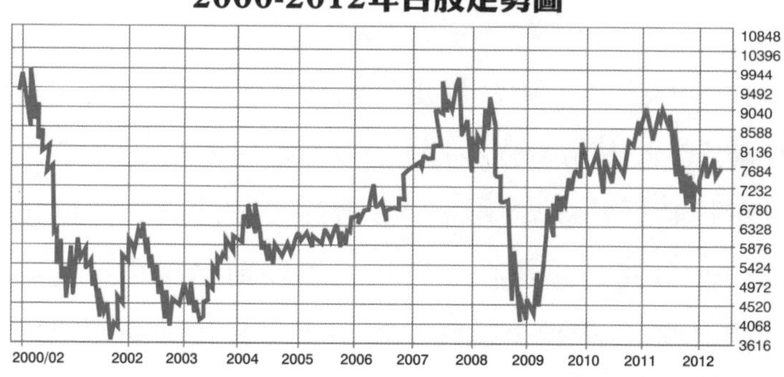

資料來源：XQ全球贏家

來，大體上最差貶到35兌1美元左右，最強升值也不過28.5左右，28.5到35，差額是6.5，這就是新台幣的大區間，31.5是新台幣的中間價格，換言之，新台幣貶破了31.5往32、33，甚至34到35走，那時台股多半走勢向下，景氣多半很差，利率多半下調，例如2000年到2002年的景氣大空頭波段。

而新台幣升破31.5往破30一路走升，台股多半是上漲多頭行情，利率也會上調，景氣多半走升。例如2003年到2008年的景氣走升波段。

如果明白這個道理，就可以在其中創造財富。

我的方法是：新台幣走升階段做多股票，但在新台幣升破30之後開始逐步停利，升破29就要把股票全數出脫，這時要將股票出脫的資金逐步換成美元，之後就只剩一件事就是「耐心等待」。等待新台幣再次走貶，一旦新台幣貶破32，就逐步把手上美元換成新台幣，這時匯差大約可賺10%，同時挑選好股逐步布局進場。至於股票如何挑選和布局，會有詳細說明。

圖 2.1 這兩張走勢圖把新台幣和台股的關係表現得很清楚了，就是新台幣升台股漲，反之新台幣貶台股跌，這個長期的關聯性是不會變的。

台股若急漲，新台幣通常會升；相反的，台股急跌，新台幣通常會貶。但股票漲跌和新台幣升貶都是有限度的，贏家都是反向操作的。

央行的悲歌
利率愈走愈低

由**圖 2.2** 可知，2009 年 6 月，台灣的隔夜拆款利率跌破了 0.1%，宣告台灣零利率時代來臨。隔夜拆款利率[1]是短利指標，竟然年利率不到0.1%，可見台灣的資金有多浮濫，而且景氣情況有多差。

一般來說，景氣愈好利率會愈高，因為景氣好大家敢借敢花，賺錢容易自然出手大方，故利率一定會高；反之，景氣差大家保守，斤斤計較，太貴的資金一定不借，所以利率就會壓低，這是常識。

---

❶ 銀行每天結束營業時，有些銀行會超額準備，有些會不足，所以會彼此借貸，而有隔夜拆款利率。拆款利率愈高，短期利率也就會愈高。

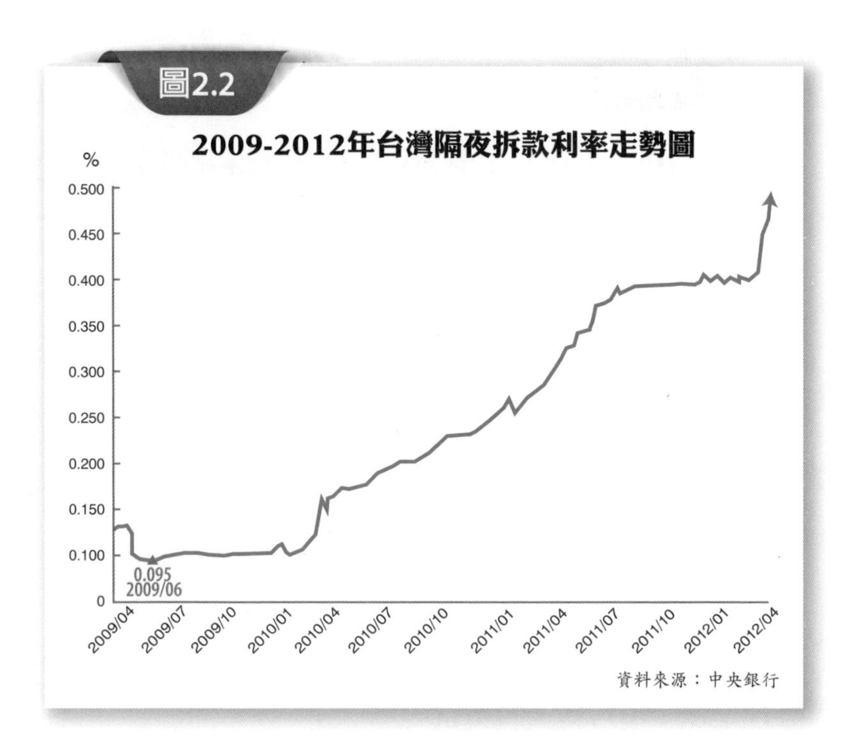

回顧新台幣 1 年期定存利率的變化，1980 年代高達兩位數，到 1990 年的時候仍然還有 9.5%，2000 年的時候只剩下 5%。

由**圖 2.3** 可知，2003 年，定存利率已經跌破 2%。是誰在掌控利率，當然是主管貨幣政策的中央銀行。台

灣利率低怪央行嗎？如果全怪央行不公平，因爲全球利率都走低，央行再大也難抗大勢。

但台灣自 2004 年以來，利率一直維持在低檔，尤其是 2001 年 5 月，央行把重貼現率下調至 4% 之下後，台灣 10 多年來重貼現率就再也「回不去了」（見**圖 2.4**）。

2002 年，重貼現率首次破 2%，揭開了台灣低率的

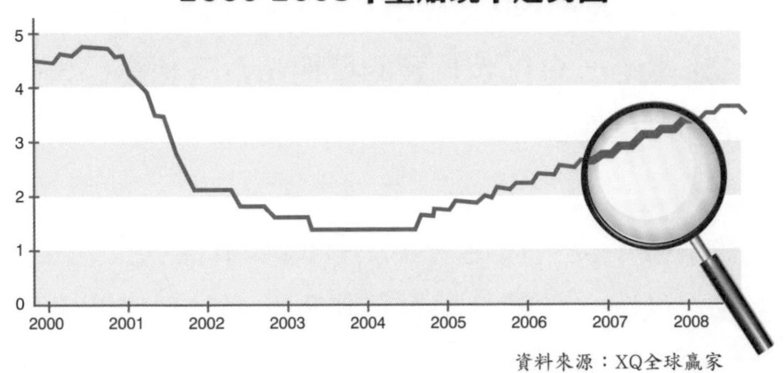

資料來源：XQ全球贏家

期間	重貼現率	期間	重貼現率
2008/09	3.500	2007/09	3.250
2008/08	3.625	2007/08	3.125
2008/07	3.625	2007/07	3.125
2008/06	3.625	2007/06	3.125
2008/05	3.500	2007/05	2.875
2008/04	3.500	2007/04	2.875
2008/03	3.500	2007/03	2.875
2008/02	3.375	2007/02	2.750
2008/01	3.375	2007/01	2.750
2007/12	3.375	2006/12	2.750
2007/11	3.250	2006/11	2.625
2007/10	3.250	2006/10	2.625

序幕，自此 10 年來，台灣的利率就在 2% 到 3% 之間徘徊。景氣好一點，股市漲至 8000 點之上，利率可能回到 3% 上下；景氣一不好，股市下到 5000-6000 點，利率就回到 2% 上下，央行該負責的反倒是台灣利率已失去了彈性空間，可能很難拉高了。

利率拉不高，市場看穿央行的本事最多拉到 3%，資金成本低廉，自然炒房有恃無恐。至於房市的完整說明，接續有詳細且完整的內容，現先帶過。

行政院長陳冲在擔任金管會主委時曾直言台灣的利率偏低，不利金融業發展，並直指「金融做不好會亡國」。

重貼現率

當銀行面臨資金不足時，會向中央銀行通融借貸，用手上商業票據向央行重貼以獲取現金。

重貼現率是各國央行控制貨幣供應量的方法之一，也是一個國家的利率基礎。當重貼現率低時，銀行取得資本成本低，市場利率也會跟著低。

陳冲此番發言曾引起各界關注，當然主管貨幣政策的央行更是首當其衝。不過央行作業向來有其獨立性，而彭總裁民間聲望又極高，陳冲此次言論似乎並未影響央行貨幣政策，但引出的台灣利率是否偏低一事倒是值得探討。

首先，利率高低在全球化下要跟國際比較的，以及評估各國家之間的經濟發展程度。以日本來說，日本現行利率 0.1% 是全球最低，而日本低利已 10 年，經濟不振的關係使日銀不斷降息，終至無息可降，日本經濟早已陷入流動性陷阱，利率已失去彈性空間。

而東協國家經濟發展遠落後於台灣，甚至中國大陸的經濟情況和國民所得整體水平仍和台灣有相當距離，如果硬是將不同經濟和生活水平的國家和地區放在同一利率天秤上衡量也未盡公平。

此外，依據資本流動的相關理論，照理說利率偏低地區的資本是會流向利率較高地區，但 2009 年台灣國際收支大幅順差 541 億美元，創下單年新高，國際資本未因台灣利率低而流出，反倒呈流入現象不是挺有趣的。

彭總裁主政央行以來，台灣利率政策大體上是跟隨美國聯準會的走法，故市場大多猜測美國聯準會未升息之前台灣不會升息，因此無論外界任何言論，站在央行獨立性之下，彭總裁應該不會爲之所動，只不過未來台灣金融還會做什麼相關改革倒是得再觀察。

以筆者之見，台灣利率要能升能降才是全民之福。台灣利率的問題倒不是偏低或偏高，而是根本已失去彈性空間；換言之，台灣的利率再升有限，但再逢景氣循環的蕭條衝擊反倒有可能再降破底，走上日本零息之路。

以攸關房市的房貸利率爲例，2012 年各大行庫平均房貸利率 2%，而目前全體金融機構的房貸餘額則是創下歷史新高近 6 兆台幣，若央行引導基本利率上升 1%，則整體全台房貸戶得新增支出 600 億。

試想，若房貸走高至 3.5% 至 4%，1 年千億的新增房貸利息支出將會牽動全民的消費，甚至直接影響到各個生活層面。在國民所得與薪資水準未提升之下，房貸利息支出若大幅提高，極有可能招致更多民怨，甚至影響民眾的生活水平。

此外，利率上升除牽動房貸之外，另將牽動工商百業成本，利率和油價是各行各業的最基礎成本之一，牽一髮而動全身，儘管全球歷經金融風暴之後景氣已略見復甦，但受重創之後的全球各經濟體都有各自的問題。

美國失業率仍高掛 8.2%，歐洲失業問題更嚴重，西班牙甚至失業率達 24%，歐洲諸國更有債務問題。而國債問題美國亦很頭痛，亞洲國家雖情況較好，但資產膨脹帶來的物價壓力亦不輕，此時此刻連澳洲、印度等國都調降利率，其餘全球各國也都壓低利率，大家等的都是美國何時開出升息的第一槍，在龍頭老大未表態之下，少有人敢輕舉妄動。

全球倘若遇到通膨將迫使各國不得不升息，這點應該是大家要有的心理準備，只不過若是因通膨而不得不升息，恐怕全球經濟將再次面臨嚴肅的停滯挑戰。這種可能性目前看來也不能排除，假使全球經濟未見明顯好轉且同時通膨持續升高，全球再次面臨經濟下滑且通膨上升的兩難處境就有可能發生，屆時全球各國因面對高通膨環境既無法降息，而景氣又被高物價所壓迫，只怕失業問題將會更嚴重，政府債務問題亦會更難處理。

因此，在未來全球經濟變化萬端的情況之下，與其把焦點放在利率高低之上，不如放在如何因應全球局勢，並前瞻性的規劃台灣的利率空間，審視台灣的利率承受能力。**利率決策要能如同橡皮筋般能升能縮，保持彈性空間**，才不會落入與日本相同的困境。

複利增値
72法則之妙用

同樣的，如果銀行給你的利率不變，那 100 萬本金存在銀行多久可以增値爲 200 萬元？這叫財富倍增。如果 14% 利率是 5.14 年，如何算出的？你可運用 72 法則。72 是定數，用 72 除以 14，得出來的就是財富倍增在固定的利率下所需的年數：

$$72/14 = 5.14$$

目前的利率是 1.4%，所以錢存銀行，要 51.4 年才會倍增，那眞應驗了一句話：錢在銀行，人在天堂。

這 10 年來全球利率都不斷下降，尤其 2008 年次貸風暴後，全球幾乎都零利率了，再加上各國政府債務不斷上升，幾乎所有國家都入不敷出的借債度日。

請問，在目前幾乎零利率的環境下，各國政府都已經是赤字過日子，如果未來一旦利率上升，各國政府借錢的成本更高了，那要如何支應呢？舉的新債要比舊債的利息成本更高，除非政府收支能產生盈餘，或有更大的財政收入去支付增加出來的利息，否則財政情況豈不是不會改善而會更加惡化嗎？

以現今情況來看，各國政府要能產生財政盈餘，大幅改善財政能力的可能性幾乎是零，所以利率要大幅上升的可能性是極低的；換言之，每個人都得做好準備，微利時代會持續很久、很久。

更何況，錢存銀行雖然有微薄的利息，但物價上升的幅度亦不低，所以實質利率搞不好是負的，這一點也不可不懂。

活用72法則

除了利率之外，72 法則也可用在計算固定報酬率下所需的年數。

72÷ 報酬率＝財富增加 1 倍所需的年數

年數	3%報酬率	6%報酬率	9%報酬率
0	100萬	100萬	100萬
8			200萬
12		200萬	
16			400萬
24	200萬	400萬	800萬

貨幣購買力 70法則之警惕

名目利率－通貨膨脹率（通脹率）＝實質利率

假使2012年的通脹率是2%，那名目利率我們一般用1年期定存利率來定義，1.4%減去2%，得出是負的0.6%，代表台灣是負利社會；也就是錢存在銀行裡，不但沒增加，反而會減少，因爲實質利率爲負，代表物價上升的幅度超過利率上升的幅度，貨幣的購買力在減少。

估算貨幣購買力減少與時間的關係，我們可比照72法則來運用70法則。運用70這個定數，把它除以通脹率，得出來的數字就是貨幣購買力減半所需的年數。若通脹率爲2%，應用「70法則」，每單位之貨幣購買力減半的時間約爲：

70/2 ＝ 35（年）

試想，定存利率 1.4%，100 萬變 200 萬要 51.4 年。但僅 35 年貨幣購買力就折半了，那錢不是白存了。所以一定要把錢拿來投資，每年的報酬率至少要打敗通脹率才能有正利，否則錢會愈搞愈少，還不如拿來花一花，至少還爽到自己。

很多人說台灣的房價不合理上漲，事實上，老百姓在這麼低的利率環境下，錢不敢放股市，也不能存款，那不拿出來買房保值還能做什麼？這一點倒不是爲房產說話，而是事實環境使然，不然就請央行把利率調高，最好調到定存有 5%，那麼你看看大家會把錢拿去存定存，還是去買房？問題是，央行能這麼做嗎？

通貨膨脹的未來影響

明顯如圖示，在通脹率2%的情況下，100元新台幣經過30年後，購買力會降到52元。相對的，年通脹率2%固定的情況下，物價會隨之走升，30年後100元的物價會上升到192元。

目前貨幣的未來購買力		
目前		100
10年後		80
20年後		65
30年後		52

貨物和服務的未來價格		
目前		100
10年後		125
20年後		155
30年後		192

3

執行篇

財務規劃崩壞下的救生圈

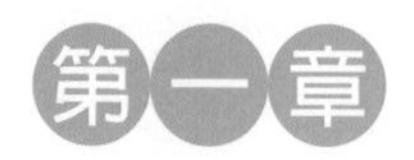

不需筆紙
先在心中設想財務藍圖

理財是為滿足需求，需求有想要和需要；想要是理想、需要是現實。現在和未來，想要和需要，這二元相對的元素在財理上是很重要的觀念。

人生的財務規劃
著重於當前的規劃
和未來的規劃

理財
即打理人生的財

財務規劃是創造第一桶金必要的條件，所以你要學會財務規劃。

財務規劃是必要且先決的致富條件，如何妥善的運用金錢及一切資源，包括：時間、體力、智力、人際關係，具體的或抽象的，可以觸碰的或不可觸碰的，先在心中設想並整理好。

記得，心中的帳本是永遠屬於你的，別人無法取走，是最重要的帳本。

人生不同階段有著不同的財務需求，以致於需要不同的財務規劃策略，例如你目前處在 18 歲以下的負所得時期，這個階段的人生主要在於求學，一般而言並不會有工作收入，因此收入大多是零用金、紅包或打工，收入有限，且必須依靠父母親的金錢資助，所以此一時期的人生稱之爲負所得期。

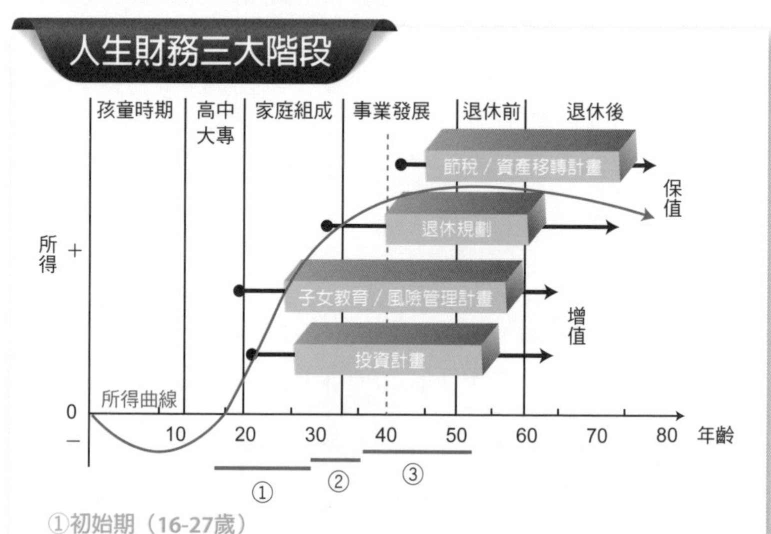

①初始期（16-27歲）

財務由依賴轉為獨立自主，仰賴薪水收入

節制享樂花費，致力理財規劃

②進階期（28-35歲）

大多數人均已成家，收入有明顯成長，支出也變多，會有買房、買車等重大財務需求

在支出增加下仍能持續理財

③成熟期（36-50歲）

事業與家庭都相對穩定，財務能力達到一定程度

完成退休規劃，進入財務自由階段

人的一生應積極追求財務自由。

所謂財務自由，指的是及早建立自主性的理財收入，且最終的金錢支出花費得完全以理財收入支應，而不須以每月固定的薪水收入支應，如此即達到人生的財務自由了。

所謂理財收入包括各種非薪資收入，例如房租、存款利息、股票與基金投資，紅利等，舉凡非固定薪水收入，而來自財務規劃投資的結果，其收入均可稱之爲理財收入。

$$\text{財務自由} = \frac{\text{理財收入}}{\text{生活支出}} \geq 1$$

至於理財收入需要建立在日常投資性支出，所以每月的固定薪資收入應有部分應用於投資規劃，才會在未來產生理財收入。因此，若是每月將薪水全數花光的「月光族」是不太可能會有理財收入的，故月光族亦無法做到財務自由。

而人生三階段財務規劃應以有計劃的方式進行，其中生兒育女是人生重要的規劃，尤其是涉及財務規劃層次更應有計劃的的執行子女的養育。無計劃的懷孕與生子會是財務支出上重大的負擔。

一般正常家庭的收入以夫妻兩人均有工作視之，夫妻兩人綜合收入爲家庭總收入，家庭總支出則包括稅務支出、消費支出、貸款支出與投資支出。收入減去支出若產生結餘則爲盈餘，家庭財務規劃以能產生盈餘爲方向。

消費支出在無子女情況下，包括了家庭所需的食、衣、住、行必要支出，諸如食物、餐飲、購置衣物、交通、住宅整修等費用，舉凡生活的額外與必要支出都須列入；貸款支出則涵蓋了短期與長期貸款項目，例如小額信用貸款、車貸、房貸等；投資支出則包括了每月固定用於投資項目的支出，例如基金的定期定額投資等。

台灣的生育率無法提升，背後肯定有原因，從經濟學的角度思考必定是生兒育女的誘因不足；換言之，養兒育女的成本太高是可能的原因之一。世界各國以提高生育或教育的津貼鼓勵生育，只是誘因是否能大到足以替換生育和養育的成本考量就不一定了。

不生兒育女，台灣將更快速的面臨高齡化社會的壓力，政府的財政負擔將更大，而且經濟的活力勢必快速的下降，最好的例子就是日本。

美國曾有過實證，愈是社經地位高的愈少生育，這件事看起來矛盾。照理說，社經地位愈高者，應該愈有能力養多一點的子女，怎會生育愈少呢？

原來社經地位愈高者，覺得把養育子女的時間用來賺錢可能更划算，也就是機會成本考量。愈會賺錢的人，覺得養育子女會占去太多賺錢的時間，所以不如少生點，把時間放在工作和賺錢上。

理財是整理人生的財富，無論是個人理財或家庭理財，有整理才會有序。但財再怎麼理若不會投資，把第一桶金變成第二桶和更多桶都僅止於小富而已。

小富由儉，大富由天。勤儉持家能有小富，但大富還得有命，這裡指的是性格，也就是判斷力和執行力。

理什麼財？
未來財與現在財

對於未來，由於不可知的情況是目前無法預料的，因此預想很重要，下面我設計了有關未來的 18 種劇本，以啓發你的想像空間。

人生財務三大階段情境

初始期（16-27歲）	
懷孕	導致財務陷入困境，無論是生下子女或是墮胎都會形成極大的支出負擔 妥善做好避孕規劃
住院	增加花費，且造成收入短缺 新鮮人初出社會有工作收入之後，應做好風險規劃，納入意外險或基礎的醫療保險，規劃的原則以不超過年薪的1成為保險費支出的基準

失業	此時工作尚不穩定，失業或是轉換工作機率相對提高 現金帳戶應隨時保持6個月的基本生活開銷費用，以備不時之需
升遷加薪	因被上司賞識而升遷加薪 應把握在尚無子女支出之際做好理財和投資規劃，所加薪資應盡量應用在諸如定期定額的基金投資之上，須盡快累積人生資本
投資豐收	千萬別被一時的成果沖昏了頭，須以持盈保泰的態度將累積的財富保留下來，作為人生的資本
中樂透	意外之財 此時中了樂透易將意外得來的財富散盡，故將中獎的財富儲蓄起來，甚至做保本型的投資應該是不錯的選擇，最忌隨意亂花
進階期（28-35歲）	
懷孕	此一階段若意外懷孕，在已有一定財務基礎下，可能會有不少人選擇將孩子生下來 此舉可能打亂了原本的財務規劃，使各種投資理財計畫中斷，因此做好避孕措施在這個階段也是必要的
住院	在已有醫療和意外保險規劃下，對財務的衝擊理應較小 可能因為長期住院而影響工作和事業，故必要的現金流規劃是因應之道
失業	此一階段正處於人生事業的衝刺期，突如其來失業必定會造成打擊 應尋求政府的就業輔導，前去就業輔導站並申請失業津貼是首要的步驟，接下來積極尋找工作機會，以盡速就業為原則，最重要的是避免長期失業
升遷加薪	升遷加薪是常態，可以用平常心來看待 重點在於妥善運用增加的薪水，仍以早日建立財務自由為目的

投資豐收	可視為投資的必然結果，若是採取定期投資規劃者，如果從初始期就進行投資規劃者，理應於此一階段有所收穫 應將所獲妥善進行再投資規劃，仍建議以定時投資策略為宜
中樂透	可視為意外之財 部分可用於改善生活品質，例如購車，但注意不要將意外得來的財富散盡；其他的儲蓄起來，甚至做保本型的投資應該是不錯的選擇，最忌隨意亂花，這將很快散盡財富
成熟期（36-50歲）	
懷孕	在財務規劃上較先前人生階段壓力應較小 在時間資源上較先前人生階段更具價值，此時懷孕或生子，影響層面在於時間會比財務壓力較顯重要，因而適當的避孕規劃仍是相當重要的議題
住院	已有一定財務基礎，故應能支應醫療支出 若住院時間過長恐影響工作與事業，故做好收入和醫療支出補償的風險規劃還是必要的先前準備事項
失業	相當於人生危機，中年失業再尋求就業機會相對困難 若此時已有人生財務規劃基礎則可因應失業危機，最令人擔心的是既無財務累積又遇上失業困境則會有很大的問題發生
升遷加薪	可說是在已有財務基礎上的加乘良機，宜把握增加收入機會妥善規劃於創造理財收入，早日達成財務自由目標
投資豐收	此時期之投資豐收可分成短中長期之投資規劃 若屬長期投資豐收宜適時停利，並儲放於保本工具準備再投資規劃；若屬中短期投資豐收則可適時停利，用於改善生活品質
中樂透	可視之為意外之財 可將部分用於改善生活品質，其餘部分則儲蓄起來，甚至做保本型的投資，最忌隨意亂花

人一定要有預想、設想，有理想和夢想才會有動力。想到未來不只是溫飽，也將會看見更重要的發展機會。

溫飽是基本的，發展才是進階的。需要是基本的，想要是額外需求，是夢想和理想，有夢想和理想才有進階的促動力量。

觀想你可能的發展，想像你的未來，盡可能巨大且樂觀，具體落實在財務目標上。

確實可能的財務目標，它將告訴你成功的路徑。

在談理想和夢想前，須先確立需要，本立而道生，先求有再求好，這是基本的道理。那麼如何固本呢？現金流的管理是第一步，也是最關鍵的一步。

資產負債＋現金流管理＝致富祕訣

人生財務規劃必不可少的兩大部分即「**資產負債**」與「**現金流量收支**」的綜合管控。現金收支爲建立資產負債的前提，即先有現金流的收與支，才會有資產負債，因此現金流可說是因，而資產負債則是個人財務良好與否的具體顯現成果。故建立良好的個人財務必從現金收支規劃做起。

現金流入和流出創造出財富無限的可能。所有的鉅富，告訴子女的財富第一課都是管理好你的現金。

好的現金流管理是致富的前提，不會管理現金的人，是不可能致富的，每個人都得記得這點。

現金流主要在於收入和支出的管理。收入一般可區分爲理財收入與薪資收入。

一般人會說，這有什麼難的？不就是如何賺、如何花嗎？確實，這件事看似簡單，但其實有許多很深的道理，一般人往往無法參透。舉例來說，月光族每個月將賺來的錢全部花光光，若是不懂得開源和節流，那將來怎可能致富呢？

致富是條很長的人生路，一夜致富的傳奇只是大家喜歡傳頌的故事，絕大多數的有錢人都是經過長時間且有紀律的現金流管理才成功的。至少我所認識的富豪是這樣的，他們大多非常勤儉，把一塊錢當兩塊花，一心想著如何開創更多的收入且節省更多的花費，無時無刻不在盤算自己有多少財富，而且盤算著如何把財富做最好的管理。

時間會一分一秒的過去，現金會一點一滴的累積或消失，現金流的秘密我透露其中的一項觀念和重點，就在於理財收入和薪資收入的對稱關係。

薪資收入很簡單，不用解釋，但理財收入就重要了。

理財收入有別於薪資收入，是更重要的收入。但一般人往往重視的是薪資收入而非理財收入，所以致富者往往都是少數人，因爲多數人的觀念和方法是錯的。而且理財收入隨著年齡的增長，在財務重要性上的比重要隨之提高。

例如 20 歲的年輕人，一定是薪資收入重於理財收入；但到 50 歲，理財收入的比重要遠遠超過薪資收入的重要性，否則流逝的 30 年時間不就一事無成了嗎？

最近，全球不景氣，企業都大幅裁員，許多中高齡失業者一下子生活陷入困頓，這就是理財收入沒做好的例證。一輩子只靠薪水，不是一輩子受制於人嗎？爲何不早做現金流的管理呢？若人到老來才後悔，那有什麼用呢？時間都過了一大半了，能把時間叫回來、重頭開始嗎？

理財的定義是：一生現金流量管理＋風險管理。

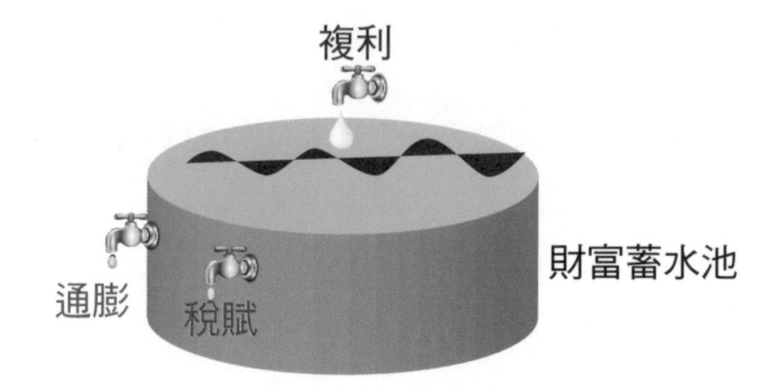

所以，通膨、稅賦、複利對財富的影響，在現金流管理上各有不同。通膨與稅賦對財富而言，爲負向關係；複利對財富而言，爲正向關係。

因此，記帳是必要的理財良好習慣，記帳的目的如下：

1. 詳細記錄每筆收入和每筆支出，以便進行金錢存留的核對和檢討。
2. 藉由記帳發現和減少不必要的支出，並激勵自己增加額外的收入。

至於記帳的方式爲：

1. 選擇適當的簿記本，一般可採用電子簿記本。
2. 按日、按週並按月核實記錄，做事後的檢討。
3. 將簿記本保存，做年終檢討比對。
4. 設立節約支出和增加收入的目標，按目標進行實際簿記的檢討。

支出記錄要項包括：

1. 一般性支出：如食物、服裝、房租或貸款利息支出、車費、手機通訊費、固網費、有線電視費、學費、避孕支出等必要且例行性支出。
2. 額外性支出：如醫療費、婚喪喜慶支出、罰款等屬非例行性及意外性花費。

收入記錄要項包括：

1. 經常性收入：如薪資、固定零用金等例行性收入。
2. 非經常性收入：如紅包、獎金等意外收入。

記帳本範例

本月收入

科目	本月預算	實際收入	備註
薪資收入			
兼職收入			
獎金收入			
其他收入			
移轉收入			
零用金收入			
淨收入金額			

本月支出

科目	本月預算	實際支出	可用餘額
經常性支出			
儲蓄			
餐飲費			
服裝儀容費			
電話網路費			
保險與投資			
交通費			
汽機車維修費			
補習費			
房租			
醫療保健費			
日常生活費			
休閒娛樂費			
自訂			
自訂			
自訂			
自訂			
非經常性支出			
報章雜誌費			
文具用品禮品			
捐獻			
交際費			
自訂			
自訂			
其他支出			
支出合計			

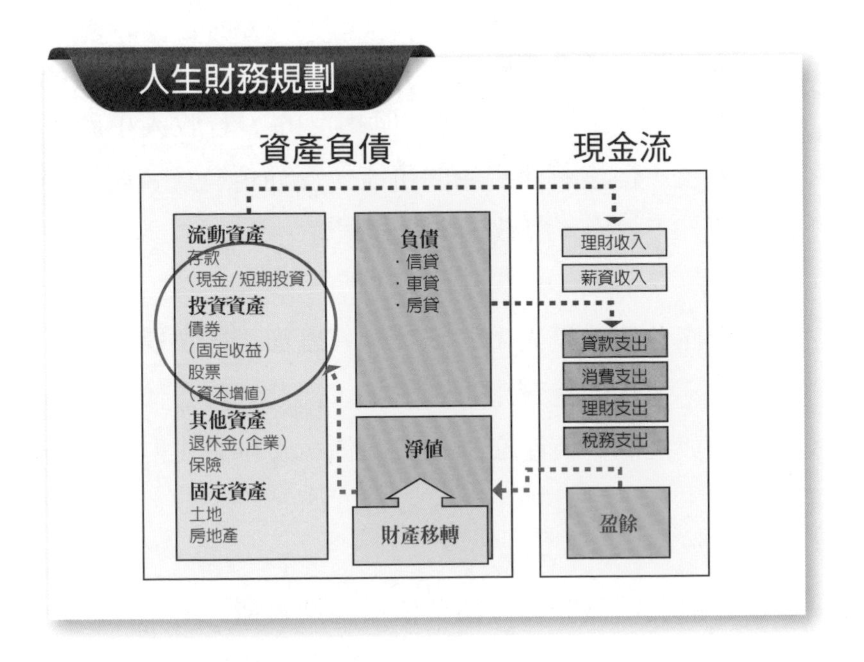

理財收入要能不斷的增加，則在支出規劃上必要有理財支出，即薪水的一部分須持續投入於理財項目，例如共同基金的定時定額投資規劃等，才能確保未來能有理財收入。至於其他生活所需，例如食、衣、住、行、利息支出等也會占用薪水收入，故須全面妥善規劃。

至於收入大於支出，且妥善規劃後若仍能產生盈餘者，則盈餘即可編入資產負債表中之淨資產，成爲人生的財富淨值；若人生財富淨值不斷增長，則代表了財富不斷的增加，而因此致富。但相反的，若收入小於支出，人生不但沒有淨資產的可能，反而會有負資產的情況，即入不敷出，導致人生財務困窘。

資產負債表是人生財務良好程度與否的具體表現，個人財務追求的是資產不斷增加，而此同時負債則是適度增加與控制，資產必須大於負債，否則人生財務恐陷入困境。

一般負債區分爲**短期負債**與**長期負債**，短期指的是1年期內的負債，諸如現金卡等短期內的負債，長期負債指的是1年期以上，諸如房貸等中長期貸款項目。通常短期負債的利息會高於長期負債，因此個人理財尤應控制短期負債不致於過度，並適度管控長期負債使其不超過資產價值。

同時，個人財務規劃要確定負債的利息償還能以現金流來確實支應，若無法支應則會產生現金流量失控情況。因此無論短長期負債之利息均需要確實精算，使其不致發生無法償付貸款的情事。

至於資產項目，一般安排於五大資產規劃做短中長程的資產配置，包括現金、債券、股票、退休金與房地產。股票風險性高，但靈活性亦高；債券屬於固定收益，風險較低且收益亦較低；現金則是運用於日常生活資金調度之用。五大資產項目妥善分配規劃可產生相輔相成的效益。

投資有風險
不投資難道沒風險？

既然投資是人生必要的進行曲，重點是，如何運用對的方法投資，包括時機、策略與執行力。

投資專家常被人批評「說一套做一套」。投資心理學上有所謂的「選擇性記憶」和「選擇性遺忘」，如果說一套做一套是因選擇性的記憶愉快的投資經驗，而忘掉不愉快的投資經驗就情有可原了，畢竟沒有人願意成天把賠錢這種不愉快經驗掛在嘴上，而專家更不可能自曝其短。

不過，「選擇性遺忘」常會導致不斷犯下錯誤的投資決策。投資失敗或賠錢並不可惜，可惜的是一再犯下同樣的錯誤而不知檢討，這就好比花了錢沒買到教訓，那可就眞的是賠了夫人又折兵了。

我常告誡自己：**投資賠錢並不可怕，眞正可怕的是賠了時間**。因爲錢賠了再賺就有，但時間可眞的賺不到，尤其運用時間是投資致勝的不二法門，說眞的，時間比金錢更可貴。

配合時間的投資法則，「堅持」是致勝的不二法門。在此我願將個人的一筆投資跟所有人分享，以證明時間和堅持對投資致勝的重要性。

我在 2007 年 8 月台股 9000 點的指數高位區做了一筆台股基金的定時定額，142 至 143 頁是我的對帳單，**圖 3.1** 是本筆基金的走勢圖，從中可發現初次買進每單位淨值是 34.01 元，最低曾於 2008 年 12 月，買到了 15.22 元，幾乎是腰斬再打 9 折的每單位淨值，而本筆投資至 2009 年 5 月時情況如說明。

可能您會很驚訝，這個投資竟然走過了完整的次貸金融風暴而已經賺錢了。也許有點不可思議！但它卻是

共投資：NT $ 900,000　目前單位數：41129

日期	交易型態	基金名稱	基金類別	金額	單位數	匯率	基金淨值	手續費	除息／贖回款項
96/08/06	申購		小額	NT$ 30,000	882.1	1	34.01	NT $225.00	NT $0
96/09/06	申購		小額	NT$ 30,000	880	1	34.09	NT $225.00	NT $0
96/10/08	申購		小額	NT$ 30,000	855.4	1	35.07	NT $225.00	NT $0
96/11/06	申購		小額	NT$ 30,000	878	1	34.17	NT $225.00	NT $0
96/12/06	申購		小額	NT$ 30,000	940.4	1	31.9	NT $225.00	NT $0
97/01/07	申購		小額	NT$ 30,000	1101.7	1	27.23	NT $225.00	NT $0
97/02/12	申購		小額	NT$ 30,000	1253.6	1	23.93	NT $171.00	NT $0
97/03/06	申購		小額	NT$ 30,000	1088.9	1	27.55	NT $171.00	NT $0
97/04/07	申購		小額	NT$ 30,000	1058.9	1	28.33	NT $171.00	NT $0
97/05/06	申購		小額	NT$ 30,000	1009.1	1	29.73	NT $171.00	NT $0
97/06/06	申購		小額	NT$ 30,000	1040.6	1	28.83	NT $171.00	NT $0
97/07/16	申購		小額	NT$ 30,000	1255.7	1	23.89	NT $171.00	NT $0
97/08/18	申購		小額	NT$ 30,000	1180.2	1	25.42	NT $171.00	NT $0
97/09/08	申購		小額	NT$ 30,000	1215.6	1	24.68	NT $171.00	NT $0
97/09/16	申購		小額	NT$ 30,000	1401.9	1	21.4	NT $171.00	NT $0
97/10/06	申購		小額	NT$ 30,000	1476.4	1	20.32	NT $171.00	NT $0
97/10/16	申購		小額	NT$ 30,000	1552	1	19.33	NT $171.00	NT $0
97/11/06	申購		小額	NT$ 30,000	1671.3	1	17.95	NT $171.00	NT $0
97/11/17	申購		小額	NT$ 30,000	1940.5	1	15.46	NT $171.00	NT $0
97/12/08	申購		小額	NT$ 30,000	1971.1	1	15.22	NT $171.00	NT $0
97/12/16	申購		小額	NT$ 30,000	1843.9	1	16.27	NT $171.00	NT $0
98/01/06	申購		小額	NT$ 30,000	1807.3	1	16.6	NT $171.00	NT $0
98/01/16	申購		小額	NT$ 30,000	1875	1	16	NT $171.00	NT $0
98/02/06	申購		小額	NT$ 30,000	1797.5	1	16.69	NT $171.00	NT $0
98/02/16	申購		小額	NT$ 30,000	1705.5	1	17.59	NT $171.00	NT $0
98/03/06	申購		小額	NT$ 30,000	1652.9	1	18.15	NT $171.00	NT $0

日期	交易型態	基金名稱	基金類別	金額	單位數	匯率	基金淨值	手續費	除息／贖回款項
98/03/16	申購		小額	NT$ 30,000	1586.5	1	18.91	NT $171.00	NT $0
98/04/06	申購		小額	NT$ 30,000	1515.9	1	19.79	NT $171.00	NT $0
98/04/16	申購		小額	NT$ 30,000	1401.9	1	21.4	NT $171.00	NT $0
98/05/06	申購		小額	NT$ 30,000	1289.2	1	23.27	NT $171.00	NT $0

總投資900,000元 買進單位數 41,129
共計買進41,129單位數
每單位最新淨值23.51
初次買進每單位淨值34.01
最低淨值15.22
最新帳戶價值41,129×23.51=966,942
最新報酬率+7.44%
獲利新台幣66,942

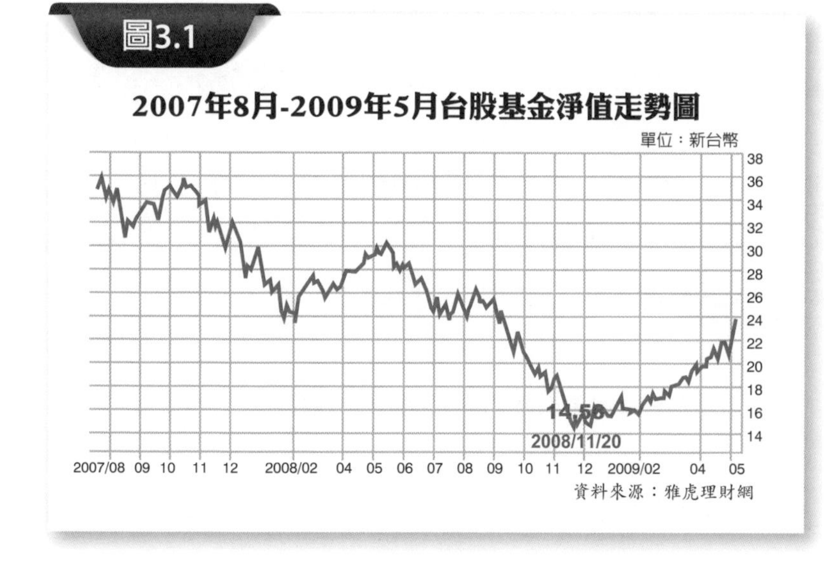

我眞實的親身經驗。

本筆投資我最初原本每月 6 號扣款 3 萬元，但到 2008 年 7 月金融風暴最烈之際，我決定於每月 16 號再增加扣款 3 萬元，即每月增加 1 倍的扣款金額，藉由「定時不定額」，底部區間加碼的策略，最終獲利出場，證明時間和堅持的確能夠克服投資風險。

一位基金經理人告訴我，許多投資人在 2008 次貸金融風暴下停止了定時定額扣款，我聽了覺得眞可惜，相信所有讀者看過了我的投資經驗後必然會有相同的感覺。若是如此，請記得：**堅持是投資獲勝的不二法門**。

投資學上，這種投資法叫做「平均成本法」，它運用的是「定時定額」的策略。平均成本講的是不斷地買，不停損，但在獲利時要停利出場。因為，若不停利，如果市場反轉向下，已經到手的獲利可能又會吐回去，所以**定時定額的操作重點在於停利**。

定時定額的平均成本法有其延伸策略，我定位為四大法則，這四大法則可使定時定額的獲利更加顯著。

四大法則一：布局成長性市場

首先，定時定額選擇的標的最好是成長性的標的，尤其是具備上漲和下跌有波動度的標的。

以共同基金而言，像是新興市場基金，包括：新興亞洲、新興歐洲、拉美等都是好的標的。或是單一地區型基金亦可，例如：台股、中國、韓國、俄羅斯、巴西、美國、德國、泰國、馬來西亞和印尼等都 OK；但單一地區型基金占總投資比重要低點，區域型例如新興亞洲之類的比重可高點，主要是風險考量。

債券基金基本上不太適合做定時定額，若債券基金要做定時定額，大致上可挑選高收益與新興市場債券兩類。全球債券比較適合單筆投資，因爲定時定額講究的是波動度產生的價差，全球債券有時太過平穩，不太產生太大的波動，因此定時定額的績效較不顯著。

定時定額的標的要避開單一產業型基金。2008年次貸風暴前，全球綠能產業興旺，在歐洲各國補貼下，綠能產業變成當紅炸子雞，全球各地的綠能產業上市公司股價都飛漲，讓許多人大賺股票錢。但不幸地，次貸風暴後，歐洲各國撙節支出，大砍綠能補貼，使得綠能產業出現供過於求現象，過去超漲的股價也紛紛回跌，而且一跌不起，許多以綠能爲標的做定時定額的投資人大嚐苦果，迄今無論如何扣款都無法回本，更別提賺錢了。這個經驗告訴我們，定時定額最好避開單一產業型基金。

四大法則二：掌握市場修正後黃金期

任何市場都會修正，例如股市，一般股市下跌股民都會悲觀以對，甚少人逢低買進；相反的，多數人是逢低賣出。

定時定額策略做的是**反人性與機械式投資**，也就是沒有情緒的投資。沒有情緒正是股市必要之惡，沒有了情緒才能更冷靜的看待市場波動。正因市場有波動才有利價空間，否則市場永遠不波動，成條地平線般的躺平，如果這是心電圖恐怕會嚇到醫生和護士。

因此，市場修正要樂觀以對，市場修正後一定會反彈或回升，定時定額策略不怕跌，就怕它不回升，不回升就沒輒了。

所以若你選對標的，當市場下跌修正後，其實可以把握修正後的低點加碼進場，這裡稱之爲「定時不定額」，例如原先每月扣款 1 萬，市場經過大幅修正後，此時可加碼成每月扣 2 萬元，這樣在底部區買入更多單位數，日後市場反彈的績效貢獻會很顯著。

四大法則三：靜待收割期

如果你布局完成，下一步就是等待市場回升。如果長空行情走完進入了長多行情，那定時定額就進入收割期，此時可等待時機獲利出場。但賺多少出場呢？這倒是沒有一定的參考點，如果你看得懂景氣循環，可以在景氣高點出場；如果看不懂，你可設定一些出場準則。

例如，只要你的扣款標的 3 個月不見新高點，就可獲利出場，或是從高點下跌達到 10% 就出場，類似一些自我設定的參考點都可以執行。但重點是，如果你選到的是好標的，當你獲利出場後，記得可是要停利不停扣，也就是本金和獲利出場，但不要停止扣款，讓你的投資繼續進行。

四大法則四：回升後單筆＋定時定額投資

這是更積極的做法，假設你有筆閒錢放在存款戶，當股市修正後從底部區回升，這時若能確立是個大回升行情，且研判當下景氣循環往上（至於如何判斷景氣循環等後續再告訴你），這時可將閒錢大膽加碼於原先定時定額標的，做一次性加碼，如果抓對行情，這種投資策略的效果會比分期加碼來得更顯著。但當然也有可能誤判行情，所以這是一種比較有風險的投資策略。

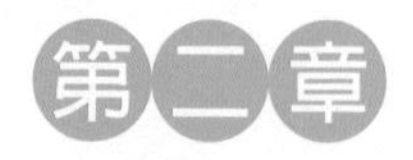

掌握時間
步步為營

關注投資的期間而非投資時機。事前選對策略，了解投資方案是致勝祕訣。

時間、機會、風險
三大關鍵

時間財祕訣之定時定額

定時定額策略是時間財，時間財即是以時間換取空間。它有四大特性，分別是：

1. 用時間來創造財富。
2. 回歸市場報酬率。
3. 保本性財務規劃。
4. 屬於穩中求勝投資策略。

所謂回歸市場報酬率，指的是正常情況下全球股市長期平均的報酬率，若以 MSCI 世界指數過去 30 年的平均報酬率，大約每年是 8% 左右。定時定額相對單筆投資策略保本性較高，是相對保本策略。這類策略使用者多是穩中求勝者。

另外一種以時間換取空間的投資方式是採用平衡式的投資策略。本土投信頗愛發行平衡型基金，且多家投信操作的平衡型基金都有不錯的績效，這類策略亦是進可攻退可守，採取股債均衡配置方式，穩穩的用時間來創造財富。

但平衡型基金有時基金經理人會單邊加碼股票或債券，亦會單邊減碼股或債，主要原因是對市場發展和變化的預期和因應。若股市出現長空走勢，基金經理人多會減股加債；反之，景氣回升，股市的投資比重亦會逐步回增。

若個人投資，由 MSCI 全球股市指數和全球債市指數可見，1990 年投資 10 萬新台幣於全球股市和債券市場，15 年後的累積報酬結果，若同一時間把錢放在定存，1990 年利息還有 7% 之上，但 2002 年利息就跌到了 1%，期間 15 年定存累積報酬率 98%，年均報酬約 4.66%。

由此可知，同一時期內把錢放在定存相較股市或

MSCI全球股市指數和全球債市指數

	全球債券	全球股票	50%全球債券＋50%全球股票	新台幣定存
最大年度漲幅	24.21%	35.62%	29.45%	7.32%
最大年度跌幅	－7.73%	－21.55%	－2.91%	1.17%
累積報酬率	237.8%	234.35%	252.42%	98.05%
年率化報酬率	8.45%	8.38%	8.76%	4.66%

※假設1990年底投資10萬新台幣於全球股市與債券市場，15年後的累計報酬率與風險特性

資料來源：MSCI世界股票指示與世界債券指數

債市，那投報率可就遜了。全球股市這 15 年總報酬 234.35%，而全球債市 237.8%，但更厲害的是股債平衡策略 252.42%。尤其是股市波動度大，期間最大年度報酬率高達 35.62%，但最大跌幅亦高達 21.55%，平均年化報酬率 8.38%。全球債市就穩定多了，期間年度最大漲幅 24.21%，最大跌幅亦不過 7.73%。這點可看出股市特性就是波動度大，漲會漲很多，跌亦跌很大；債市平穩多了。15 年下來，股市和債市的回報竟迴歸一致，兩者年度報酬亦迴歸市場報酬率的 8% 左右。

但祕訣卻在平衡式策略，你可看見，在這 15 年裡，採取平衡投資法，年度最大漲幅達 29.45%，但相對風險卻甚小，年度最大跌幅僅不到 3%，也就是用不到 3% 的風險去換近 30% 的年度可能最大利潤，其實是很划算的。尤其是股債各半長時間投資的報酬率更勝單一股市或債市，是非常值得參考的策略。

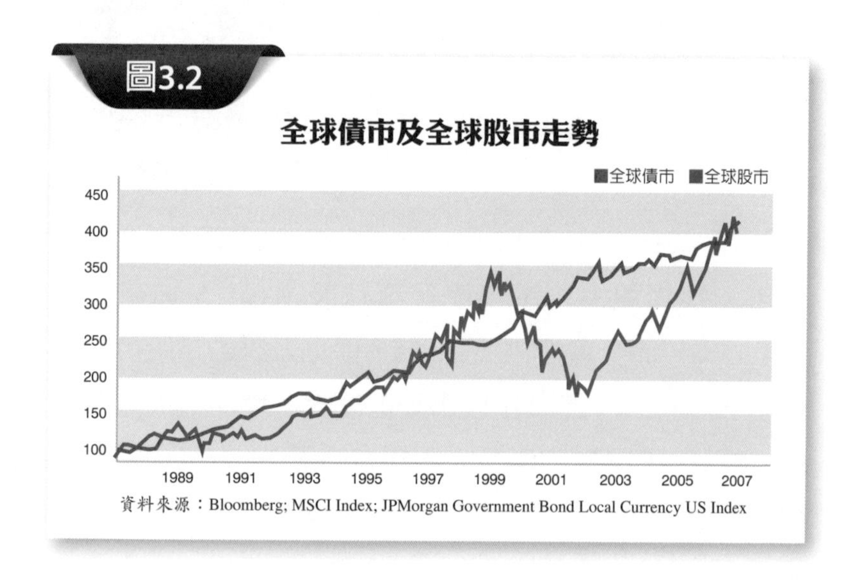

資料來源：Bloomberg; MSCI Index; JPMorgan Government Bond Local Currency US Index

圖 3.2 中爲全球股市和全球債市走勢，兩條線長期報酬迴歸一致，但期間卻有很大的波動差別。股市會出現大漲大跌，故股票應採取波段低買高賣策略，抓住買

賣點，並於錯買時採取斷然認賠出場的停損策略。但債市可採取長期持有策略，適合單筆操作，不適合定時定額。

再強調一次，定時定額是一種類時間財策略，它需要耐心和等待，它沒有馬上賺的暴利，如果一進場就上漲，其實定時定額也賺不到什麼錢，因爲買進的量還不夠。例如 1 個月投入 2 萬元，進場 3 個月股市就漲 30% 又如何，6 萬元的 30% 也不過 1.8 萬元，能賺多少很有限；但如果進場了 30 個月，等於累入了 60 萬元，這時漲 30% 有了 18 萬元的獲利才有意思。

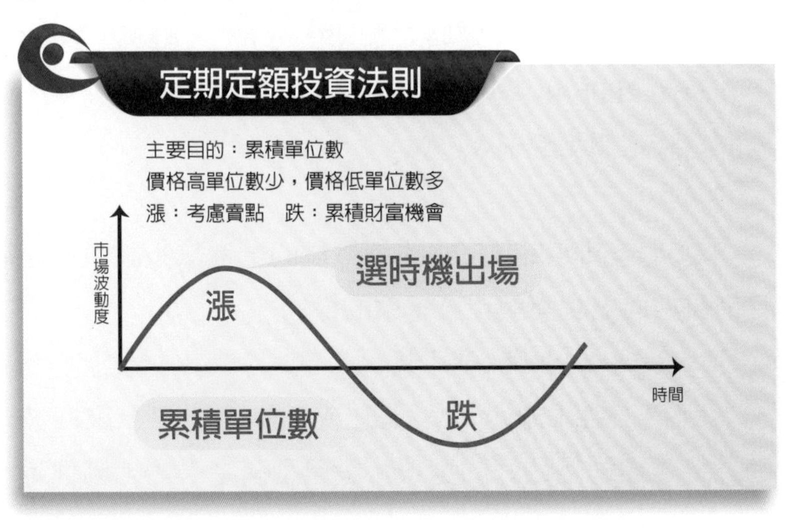

所以，定時定額可視之空頭市場策略，最好是一進場就大跌，跌愈多愈好，這樣才能買到便宜的股票，未來才有賺大錢機會。如果很肯定一進場就大漲，就不必做定時定額，直接做單筆投資就好了，一次全押，如果押 1,000 萬元，漲 30% 就有 300 萬元賺入口袋，誰還跟你每個月慢慢扣款是嗎？搞懂這個觀念，你的投資就進階了。

舉例來說，將定時定額策略用於指數盤整區，**圖 3.3** 是 2000 年至 2008 年台股區間走勢，中間藍色橫線是 10 年均線，2000 年 9 月至 2004 年 2 月，台股指數位於 10 年線下方整理，區間定時定額報酬率是 28.65%。2004 年 4 月至 2006 年 1 月，台股亦位於 10 年線下方盤整，區間定時定額報酬率 8.65%。

定時定額時間財策略的選擇標的，進一步說最好是具備**長期向上趨勢與正負乖離**的標的。

所謂正負乖離就是在上升或下降趨勢線上來回波動，這類標的是最好的選項。股票型基金大體上屬性是

圖3.3

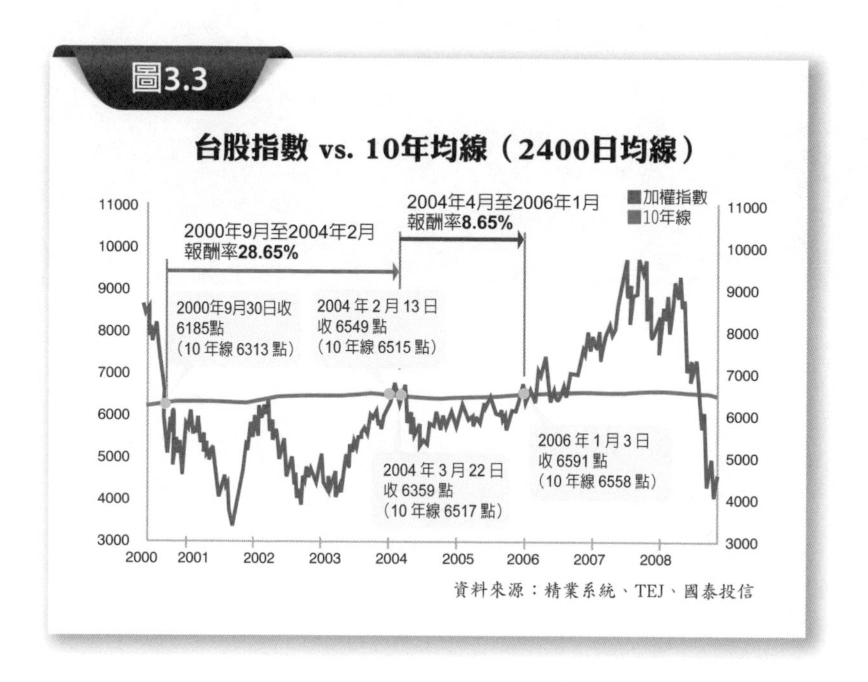

資料來源：精業系統、TEJ、國泰投信

這類的標的，但最好是新興市場，這點先前提過不再重複。

風險規避
亦能創造財富

任何投資標的一定有其風險，只是風險等級不同。例如中華民國銀行公會針對基金之價格波動風險程度，依基金投資標的風險屬性和投資地區市場風險狀況，**圖 3.4** 由低至高編制為「RR1、RR2、RR3、RR4、RR5」5 個風險收益等級。

要做風險規避除了慎選標的外，策略面的應用也是一途，時間財加上資產配置再加上規律投資就是全方位了。

資產配置就是分散投資標的，持有各類資產不要集中一項，例如股債平衡策略。規律投資則是用時間來分散風險，如此以資產類別的橫向，加上時間的縱向分

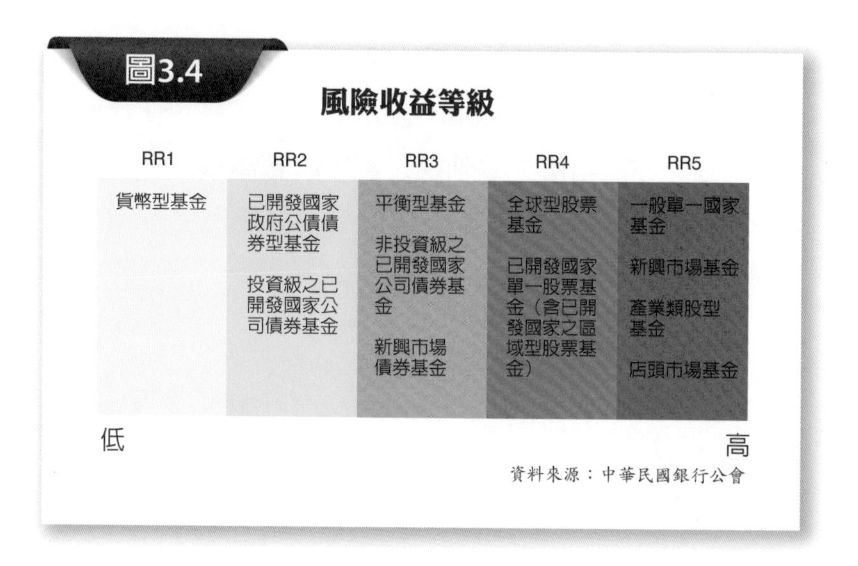

圖3.4

風險收益等級

RR1	RR2	RR3	RR4	RR5
貨幣型基金	已開發國家政府公債債券型基金 投資級之已開發國家公司債券基金	平衡型基金 非投資級之已開發國家公司債券基金 新興市場債券基金	全球型股票基金 已開發國家單一股票基金（含已開發國家之區域型股票基金）	一般單一國家基金 新興市場基金 產業類股型基金 店頭市場基金

低　　高

資料來源：中華民國銀行公會

散，就可達到全方位的避險。

另外，現代金融也大量運用衍生性金融商品避險，選擇權加上期貨與現貨配合運用，可以產生多重避險策略，但衍生性金融商品槓桿倍數大，本身即是高風險，一不小心就會避險不成反被咬。2012 年 5 月全球最大的銀行摩根大通銀行就因爲操作衍生性商品組合失策，導致逾 50 億美元的鉅額虧損，就是一例。尤其是發生這次大災的操作者還是摩根大通銀行首席投資顧問室的重要交易員，他被市場稱之為「倫敦鯨」，是倫敦金融城的大尾，掌管部位高達 1,000 億美元，是台灣外匯存底的 1/4 之多。連他這麼大尾都吃了虧，導致摩根大通灰頭土臉，那就可知避險之困難。所以，不要想能完全避險，沒這回事！

時間財 vs. 機會財
財富的必選題

進一步來比較定時定額和單筆投資。

定時定額和單筆投資的差異性，將以**圖 3.5** 中的 4 個小圖解釋，同樣的市場，定時定額無論向上或向下，只要市場跌下去能彈上來，平均成本最終都可獲利，而上漲更可獲利。但單筆投資則須停損，否則就只能期待彈回成本解套了。

定時定額買的是單位，目的在累積單位數，而不在看投資標的淨值，單筆投資才是看淨值。記得，累積單位數才是重點。例如淨值即使從 100 跌至 25，只要回到 50，就可創造 12.5% 利潤，**圖 3.6** 試算表說明得很清楚，值得你參考。

圖3.5

定時定額和單筆投資比較

單筆投資　　定時定額

預期投資標的10元漲到19元

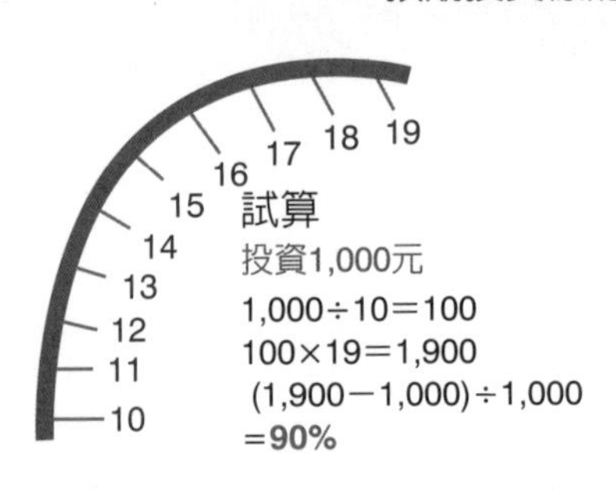

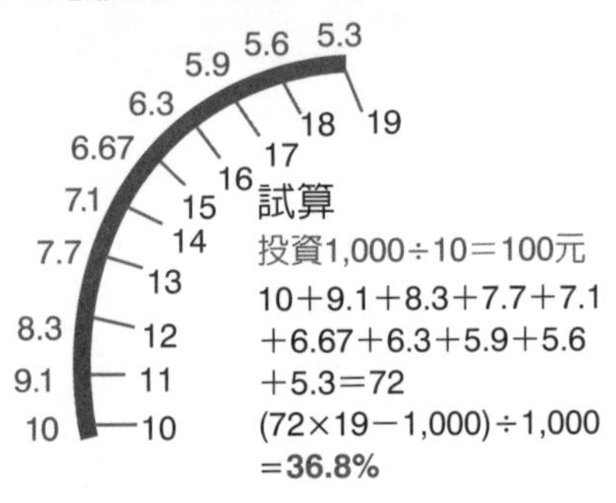

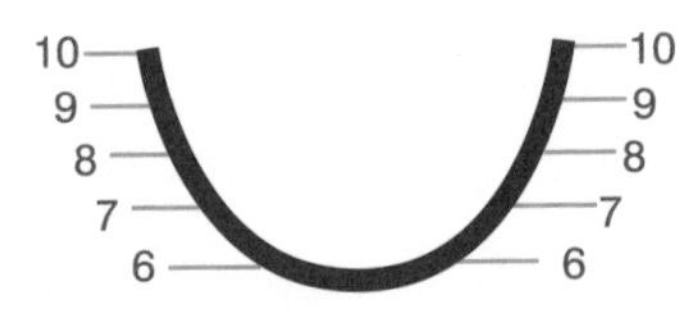

試算
1,000÷10＝100單位
100×10元=1,000元
(1,000－1,000)÷1,000
＝0%

投資1,000元

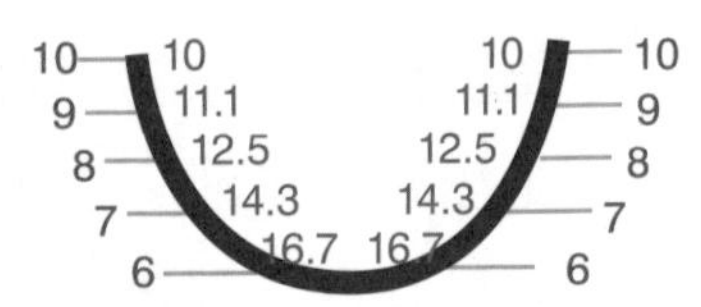

試算
10＋11.1＋12.5＋14.3＋16.7＋16.7＋
14.3＋12.5＋11.1＋10＝129.2
(129.2×10－1,000)
÷1,000＝29.2%

投資1,000÷10＝100元

圖3.5左上格報酬率90%，但採定時定額策略的右上格報酬率降至36.8%。但若投資標的從10元跌至6元，報酬率為40%，漲回10元，不賺不賠，但賠了時間；相反的，若以定時定額策略為之，右下格則報酬率為29.2%，可見定時定額策略為空頭市場策略。

圖3.6

定時定額優勢實例試算

期間	1	2	3	4
金額	5,000	5,000	5,000	5,000
淨值	100	50	25	50
單位	50	100	200	100

淨值×單位　50×450＝22,500（元）
報酬率 22,500－20,000＝2,500＝12.5%

與定時定額時間財策略相反的是機會財。

機會財的四大特性是：

1. 用機會搏取財富方式。
2. 賺取超額報酬機會。
3. 積極性的投資方式。
4. 放手一搏式的投資策略。

機會財賺的就是機會，賺的是超額報酬。所謂超額

買高賣低或買低賣高

過去歷史經驗告訴我們，危機往往是最好的轉機。

1. 2003年SARS期間台股不到4000點，SARS之後的4年內2007年台股衝到最高9859點。
2. 1998年俄羅斯金融風暴時，俄羅斯指數3個月下跌75%，之後10年俄羅斯股市上漲1600%。
3. 1997年亞洲金融風暴時，港股自15196下跌至7275，跌幅52%，之後2年反彈139%。

1986年以來香港恆生股價指數走勢圖

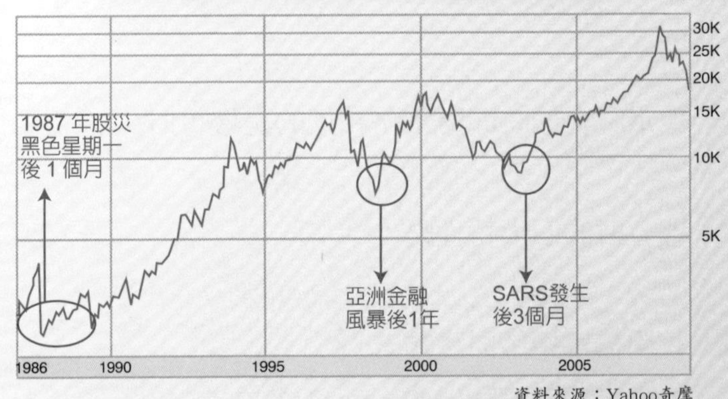

資料來源：Yahoo奇摩

股市有多頭就會有空頭，空頭之後多頭就會來臨。遵守「買低賣高、長期持有」原則，不理性的停損賣在最低點，這樣的投資是不會賺錢的。

報酬就是超過市場報酬的部分，1 年 8% 的市場報酬若覺得太少，就可以試試機會財。但是機會財風險大，常會面臨損失，如果你是初入市場的新手，或是經不起損失者，也沒果斷力執行停損，最好少用這種策略。因爲它需要放手一搏，是種帶點賭博性質的策略。

機會財最佳的買入點在於危機，尤其是大危機，全球性的大危機更好。危機一來股市崩盤，股票被低估且被超賣，就可逢機大撿便宜貨了。

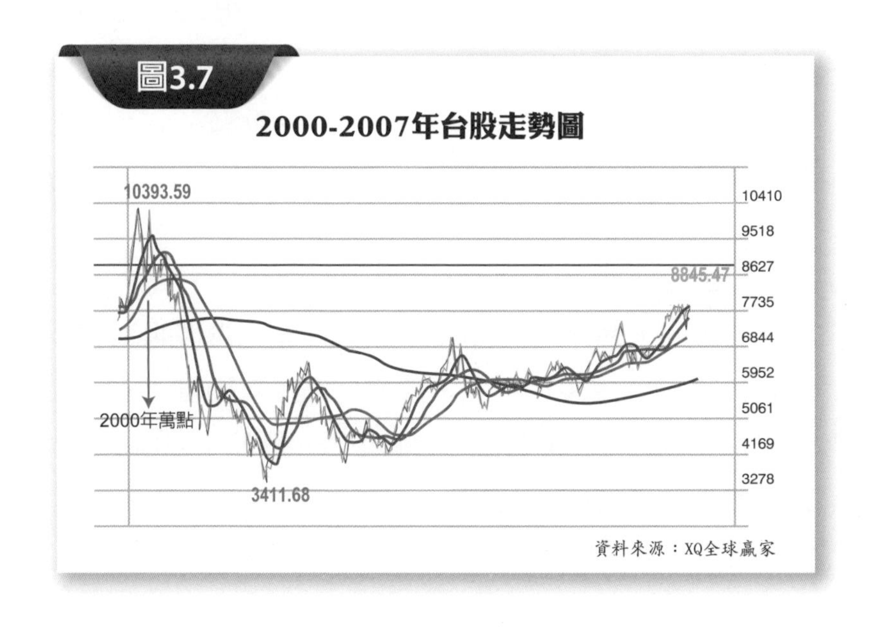

以 2000 年台股萬點下跌至 3411 點的大空頭行情爲例（見**圖 3.7**），2000 年的科技泡沫導致美股崩盤，使得台股也跟著崩跌，隔年又遇到 911 恐怖攻擊事件，台股於 2000 年及 2001 年 2 年的大空頭竟跌至 3411 點，而這也是近 10 年來台股的最低水位，當時一片人心惶惶。

3411 之後台股進行了一波大反彈，指數僅用了 7 個月，在 2002 年 4 月就彈上了 6500 點，彈升的幅度高達 90%，是一次大幅的反彈。但好景不常，反彈終究是反彈，這是一次指數極度壓縮下的大反彈，但它終究不是景氣回升下的多頭回升行情。指數在當年又僅用了 6 個月的時間，就在 2002 年 10 月跌回了 4000 點之下，眞是情何以堪！

隨之而來的是長達半年的底部整理行情，這半年就是修正後的大底部區，還伴隨了 2003 年初爆發的 SARS 疫情，底部區出現大利空，這眞是絕佳買點呀！SARS 來得快去得也快，數月後，台股指數止跌於 4200 點。至此，台股從 2000 年的崩盤起算，經過兩輪大修正，半年的底部區與底部區的大利空，終於在 2003 年 4 月出現眞正的長多回升行情，指數足足漲了 1 年，攻上了 6800 點，指數漲升了 70% 的幅度。

這 70% 的漲升只是初升波，主升波在 6 個月後正式展開。2004 年 8 月，指數從 2004 年 7 月的 5400 點一路漲到 2007 年 10 月的 9500 點，漲升幅度達 75%。直到景氣做頭，且隨後出現了 2008 年次貸風暴，才將台股又打回了 2009 年年底低點的 4000 點。

過去 10 年台股的歷史告訴我們：

1. 台股絕對高點 9000 點、絕對低點 4000 點附近差不會太多。
2. 大空頭行情下探 4000 點機會不小，景氣回升大多頭亦會上升至 9000 點。
3. 大空頭時間波 2 年，但多頭會長達 4-5 年。
4. 大跌之後必有大反彈行情，彈幅可能達 50%之上。
5. 長多回升行情以緩步上漲居多；反之，反彈行情均以急漲方式進行。

6. 長空行情後，底部盤整區約 6 個月。

此外，除了必要的停損執行紀律外，對機會財而言，汰弱留強是絕對必要的。100 元的股票跌 50% 是剩下 50 元，但 50 元要漲回 100，需要漲幅達 100%，這個簡單數學告訴我們：股票若是一次性買入，一旦錯買要執行停損，否則要等漲回去，可是很辛苦的。

時間財與機會財的對照表是我個人的理財投資心得，我認為很重要。

留弱汰強注定虧錢

看看基金的例子，以投資 100 元而言。

	現值（元）	虧損（%）	未來上漲（%）	未來價值（元）	盈虧（%）
基金A	50	50	50	75	－25%
基金B	90	10	50	135	＋35%

應該賣基金 A 或基金 B？

我認爲在做任何一筆投資前，必須要先行設想好投資策略，即使是買股票，在買前也要想到買後股價上漲或下跌要如何處理，這就是初步的執行策略。

重要的或大筆金額的投資更是要想清楚，在投資前就得設定是做時間財的規劃或是做機會財的規劃。因爲這兩個規劃，無論從策略面、條件面、本質面、機會面與應用面都不相同，甚至是完全相反，因此想好之後再執行很重要。

時間財與機會財對照表

	時間財	機會財
策略	長期布局	買低賣高
條件	資本能力	預測市場能力
本質	風險規避	風險偏好
機會	長期致富	快速致富
應用	停利不須停損	停利停損
風險	投資中斷	財富快速損失

策略面

首先，時間財的策略面是長期布局，無論先前所提的定時定額，或是股債平衡式投資，都需要時間才能獲利，也就是要長期布局，需要耐心；但相對機會財的策略就不同了，它的策略是買低賣高，短期就可能獲利，例如操作期貨或選擇權就是標準的機會財，看準機會點進場，也許幾個交易日就能有驚人的獲利。所以，這兩者的投資規劃在策略上有很大的不同。

條件面

什麼人可以做時間財呢？大體上是有資本能力者，也就是口袋深度夠深的人，因為時間財需要較長的期間才能獲得顯著的利益；同時投資方式有時需要不斷的累入本金，因而穩定收入，或是已有資金儲蓄者很適合時間財；而機會財具備以小搏大的本質，所以操作者最重要的條件是要有預測市場的能力，才能買低賣高，如果看不清市場方向，斷然做機會財的投機冒險，是件很危險的事。

本質面

時間財的本質是風險規避。爲什麼要做時間財呢？當然是要避免風險，用時間來避險是一種自然避險策略；而機會財的本質則正好相反，它是風險偏好策略，也就是富貴險中求的觀念，也因而一般金融界稱股票、期貨、選擇權、外匯及各類商品的投資標的爲風險性資產，而將貨幣、債券等稱爲固定收益資產。每當市場一有動盪、風險上升，資金就會捨風險性資產而趨就固定收益資產，這種動作或資金流向就叫做避險。

機會面

時間財提供的機會一定是長期致富的可能，它無法提供一夜致富。但我發現，全世界的有錢人，大體上都傾向以時間財為主要的財富規劃方向，主要原因是有錢人都把風險置放於獲利之前，也因為他們的投資金額龐大，故只要固定的利潤就能產生很大的絕對報酬。例如10億新台幣，只要1年5%就是5,000萬元，所以是否能在短時間獲取暴利，不會是他們考慮的主要資金規劃方向。

相反的，機會財的策略採用者，一定是想短期致富，只要抓到一次大買點，好好的押注一次，很可能半年就有倍數利潤，這類人通常資本較少，也比較沒耐心。但也有很多有錢人愛做風險性投資，這類有錢人都曾在風險性資產上賺過大錢，對這種錢進錢出的快感無法割捨。

其實你可以把資金分成兩部分，一部分做機會財，另一部分做時間財。如此進可攻退可守，不失為攻守兼具的好方法。

應用面

機會財的應用一定得停利和停損，押錯方向要能執行停損，立刻出場，否則常使資本套住、陷於困境，因而機會財在應用面上的紀律很重要，執行者的個性必須是果斷的，不能拖泥帶水。而時間財只要選對標的，通常不須執行停損，但要停利，這一點在定時定額策略上尤其重要，希望你能記得。

風險面

時間財著重於長期投資與不斷投資， 其風險在於投資中斷，一旦中斷則失去以時間攤平風險的能力 .

至於機會財的風險自然是財富快速損失，機會財能快速致富，但代價也可能是錯判行情而慘賠。

忍受賠錢的痛苦
忽略賺錢的喜悅

還記得王建煊在財政部長任內講過一句耐人尋味的話：手中有股票，心中無股價。

當時的背景是台股大跌之際，王建煊安慰小股民的話，不料卻被股民大罵連連，王建煊反倒碰了一鼻子灰。當時的我也覺得王建煊講的是什麼鬼話！什麼心中無股價，如果沒有股價做什麼股票，財政部長不懂得體恤民心，反倒說風涼話，著實對他沒啥好感。至此，王建煊背負這句話的原罪到今天，三不五時還被人拿出來消遣一番。

直到今天王建煊倒也沒辯駁，而我也是到了今天才了解王建煊這句話的真意。真的，王建煊此話也有其道理可言。

對於股票或是任何資本投資，我的體會是：眞正能賺大錢的人，是要超越短期賺賠的人，太在乎眼前賺錢還是賠錢，是賺不到大錢的。換言之，投資是要平常心的，一旦被賠錢的痛苦或賺錢的喜悅蒙蔽了心靈，就是一般的尋常人，尋常人的投資處境就是賺小賠大。回到王建煊的那句話，就是手中有股票，心中無股價不是嗎？

王建煊是對的嗎？多數人無法體會。無法體會的原因在於金錢損失的壓力太大，所以「展望理論」[1]（prospect theory）告訴我們，投資人在潛在獲利的情境之下，會有傾向風險規避的情況；反之，在有潛在損失之際，反倒會有風險偏好的強烈意識。這也說明了一般人股票賺了一點就很快賣掉，而一旦套牢身，手上股票股價下跌卻怎麼也不肯賣，不願停損。

[1] 說明人在不確定的情況下做決策時，會比較結果與期望的差距，對得失的判斷取決於參考點。

厭惡損失，使得一般人在股票賠錢時感受巨大壓力，忘了逢低承接才是最佳的投資策略。例如 2008 年 10 月，美股歷經史上罕見的巨大震幅，還記得嗎？道瓊指數竟然可以在開盤 5 分鐘直線下挫 800 點，而隔天又再漲回 800 點，現在想想，眞是極度瘋狂不是嗎？

「忍受賠錢的痛苦，忽略賺錢的喜悅」，這句話是我認爲永恆投資策略的另一心法。

心理障礙才是真的絆腳石。

任何投資考驗的都是人性，不要被自己騙了。經濟心理學上告訴我們：心理帳本是會自己騙自己的，人的選擇要回歸理智和客觀，但主觀的直覺和熱情亦不可少。

人最難過的「關」是自己，心結一開什麼事都能海闊天空，但如果猛鑽牛角尖，那好事也會變成壞事。心理帳本也是的，人往往會在心中界定什麼是小錢，什麼是大錢。事實上，王永慶曾說過：你賺的一塊錢不是你的，你存的一塊錢才是你的。

小錢和大錢都是錢，1元就是1元，它沒什麼大小，但自己會盲目自己，心理帳本就是實際的例子。

所以，最終人得克服的是人性，股票和任何投資玩的都是人性。你如何能玩贏別人，你如何能透視人性，你就會是贏家。

4

思維篇

虛實之間 當機立斷

虛擬財富 vs. 實質財富

不同的財富形式要有不一樣的策略。

從根本建立自己的邏輯，
簡單加薪

財富的形式

財富的形式有許多種，可以用現金來表達，也可以用實物。

古埃及人把啤酒看成是財富的形式，據說古埃及人建築金字塔，所得到的工資就是啤酒。在當時，啤酒是重要的財富形式，因為它是日常生活必需品。古埃及人每天早上都要喝啤酒，可說是他們重要的營養品。

不過，大體上，各種形式的財富都可以用抽象的方式分成兩大類，即虛擬財富和實質財富。

所謂虛擬財富，是指一切看不到、摸不到，但又確實存在的財富形式，例如：期貨、選擇權等衍生性金融商品，或是股票、債券等有價證券等。通常這類財富都是透過電子交易方式流通，很少進行實物交割，在這其間銀行、證券公司等金融機構扮演了很重要的角色。

至於實質財富，則指的是可以看得到、摸得到，且通常必須實體交割的商品，例如：房地產、黃金條塊等。由於虛擬財富的發達，實質財富的重要性似乎退居第二線，不若以往是人類財富的主流。但實質財富仍具有相當重要性，是資產配置的重要項目之一。

要搞懂投資，除了時間財和機會財的先決觀念需要搞通外，虛擬財富和實質財富的觀念也很重要。

一般來說，時間財通常涉及的是實質財富，例如房地產通常是長期投資的工具，不建議短線炒作。而機會財涉及的多是虛擬財富，例如選擇權或認股權證，像是的選擇權的買入買權或是買入賣權，記得它是有時間價值的，它每天都在流失時間價值，愈放價值愈少，放到期末達履約價就全部歸零；認股權證也是，只要到期未達履約價就全部歸零。我有位朋友曾買了 20 萬元的權證，後來問我爲何會歸零，問得我很傻眼。沒爲什麼，因爲它有時間價值，而且到期未達履約條件。

所以，虛擬財富是機會財，機會稍縱即逝，機會不等人；它也有時間價值，每分每秒都在流失它的成本。操作虛擬財富要掌握時機、重時效性，快進快出，堅持停利停損原則，否則財富可能瞬間覆沒。

虛擬財富 vs. 實質財富

虛擬財富	實質財富
看不到、摸不到，但確實存在	看得到、摸得到，且須實體交割
期貨、股票、債券	房地產、黃金條塊
機會	時間

這兩種財富操作準則都要隨著它們的本質做變化，詳述如下：

首先，虛擬財富是靠電子交易，它的本質是快速、投機、槓桿，反應的是市場氣氛、心理預期、消息；它的交易性質是24小時、全球性、電子化之無實體交割。靠這行吃飯的專業人員，能存活的，都有兩把刷子。俗話說「沒有三兩三，不敢上梁山」，如果沒點本事，很容易在這市場被人抬出去。

股票市場講的是快速與投機，看準了用槓桿押一把。這個市場充斥著賭徒心態，股票市場隨時反應市場氣氛，玩的是預期心理，靠的是資金和消息兩手策略。它是24小時的全球化市場，基本上是電子化的無實體交易。

想要進入虛擬金融市場，先決上要有健全的心理準備，最忌患得患失，快狠準是必要的，要設定停利停損機制。一般來說，在虛擬市場裡，短線進出要懂得三件事：趨勢動能、成交量、價格。

所謂趨勢動能，一般看的是「勢」，大勢是往上或往下。個股或大盤都一樣要看勢，大勢不好不要硬玩，例如 2008 年是個大勢很不好的一年，硬玩結果只會很慘；2009 年正好相反，所謂物極必反，大跌之後伴隨大漲，或大漲之後伴隨大跌，都是很常見的現象。

「勢」如何看？

可看**技術指標**，例如月 KD 是我最常參考的指標，只要月 KD 從高檔交叉往下，通常勢就不會太好，避之爲宜；反之，從低檔交叉往上就有利可圖，做多有長期的助力，代表大勢是往上的。

一般月 KD 值高到 80 之上就得注意追高風險，但跌到 20 附近或更低，那就不用再殺低了，反而應該是等低接買點。

另一看「勢」的方法是看「**新高**」和「**新低**」，如果勢是往上，那大盤或操作的個股一定會不斷的創新高價位。創新高代表多頭，代表勢是往上，無論是收盤創新高或盤中創新高都一樣，代表往上之勢還沒結束。

例如2011年10月蘋果的執行長賈伯斯去世，之後蘋果的股價一路往上大漲，到2012年3月下旬，蘋果的股價創下每股600美元的歷史天價，使蘋果的市值達5,500億美元。從賈伯斯去世到翌年3月，短短5個月時間，蘋果股價足足上漲了60%。所以當多頭之勢來臨之際，不必爲上檔股價預設立場，只要看是否不斷創新高。若一檔股票在上漲過程中，超過7個交易日未創新高，中線上可能就要留意是否往上之勢結束了。但很多短線者，在極短線操作上，只要手上標的物3天未創新高，即會出脫。

虛擬財富的特性是槓桿，也就是融資信用交易，槓桿倍數要看商品性質，例如股票可以去借融資。目前上市股票融資成數是6成，上櫃股票是5成，也就是買100元市價的上市和上櫃股票，只須40元的本金和50元本金，另外60元或50元可以用借的。

儘管股票的槓桿倍數相較期貨或選擇權不算高，但仍有許多人因操作不當而被追繳保證金或是慘遭斷頭。因此，只要是運用融資進行投資，也就是借錢來投資，不管借貸成數多少，一定要注意操作風險，停損是必要的準則，一定要遵守，不然就老老實實用十成十的本金投資最好。

此外，運用融資一定會有融資成本，也就是利息支出，這一點也要算進操作成本。目前股票的融資利率各家不同，但至少也要 4% 之上，其實以目前定存利率才 1.4% 比較融資股票的成本還算是挺高的，借融資買股票也要把利息成本算進去。此外，證券商要的手續費，政府要的交易稅，還有證所稅也要重新課徵了，散戶買股票，還沒賺就先有許多固定成本要支出，下手前要精打細算，否則就會賠了夫人又折兵。

至於剛才說的追繳和斷頭是怎麼回事？

一般來說，使用融資操作股票，證金公司有借貸風險，這些機構爲了控制風險，就訂了自保條款，借貸融資的股票下跌達一定幅度，證金公司就會先發出追繳保證金的命令，要求借款人補足保證金；倘若借款人無力補足，證金公司就會在一定時間內，不經由持有股票人的同意，直接就以市價賣出股票以取回借款，這叫做斷頭。一般被斷頭的投資人能取回的資金已微乎其微，甚至還要再補錢給證金公司的都有。

如何計算追繳和斷頭的風險？這點也要了解。一般來講，當股價上漲或下跌時，信用交易都會影響擔保維持率的增減。所以關鍵在**融資擔保維持率**，目前融資整戶擔保維持率的低標是 120%，如果維持率瀕臨下限，投資人一定會接到營業員的催命電話，要你趕快補錢，不補就等著斷頭。一般來說，投資人應在證金公司或為其辦理信用交易的證券商通知送達日起 2 個營業日內一次補足差額。

融資維持率如何計算？

$$\text{融資維持率}=\frac{\text{證券市值}}{\text{融資金額}}\times 100\%$$

例如買進一檔股票市值 100 元，融資 6 成就是借 60 元，那麼融資維持率就是 100/60×100%，就等於 167%。剛說過只要維持率低於 120% 就會被砍單斷頭；

換言之，只要這支股票從 100 元跌到 72 元，你不補錢就莎喲娜拉。計算方式是 x/60=120%，x 就是 72。另外，除了個股融資維持率外，還有整戶融資維持率的計算方式，這就要把你所有用融資操作的股票來加總計算。一般券商斷頭是以整戶來計算，而非以個股來計算，這點也要明瞭。

所以有種判斷股市上漲或下跌趨勢的方式，就是**每天追蹤整個市場的融資維持率**。如果全部市場的融資維持率是在上升，又是呈趨勢性的上升，且在 140% 之上，代表使用融資者大多賺錢，因而在趨勢未停止向上前，股票通常都易漲難跌；反之，若融資維持率下滑，且呈趨勢性下滑之勢，跌破 140% 後都要十分小心。如果跌到 120% 附近那可不得了，市場會出現融資斷頭多殺多的慘況，許多股票可能一開盤就直接跌停，中小型股票甚至會出現跌停賣不掉的流動性問題，此時會是大盤殺戮最慘烈的時刻。但當融資多殺多告一段落之後，通常大盤會猛烈反彈，如果手上仍有銀彈且無持股者，倒是應該趁此機會進場大撿便宜貨，發揮人棄我取的精神。

股票買在不安心
賣在很安心

投資難嗎？邏輯對了不難，但邏輯錯了就很難。做任何投資前一定先想清楚，不管是策略、資金條件，還是大環境，只要想清楚就會胸有成竹，遇事才不會慌亂。投資最怕衝動，沒有想清楚就投入，好比股票聽信所謂的「馬路消息」買進，結果股價下跌。因爲不了解買進的股票性質，甚至不了解買進的公司到底在做些什麼，一看股價下跌了就很緊張，最後認賠賣出了，而往往一賣出隔天股價就上漲，這種情況可說是屢見不鮮。

爲什麼會如此？其實道理很簡單，答案就是不專業。請試想，以股市爲例，有多少人會肯、也能花心思做全盤的研究？誰會買進一檔股票前先全面了解這家公司的財務報告書，同時探訪這家公司的營業狀況及經營者誠信？會這樣做的投資人可說是少之又少，多數的人都是道聽途說罷了。

而爲什麼一買進就下跌？答案也很明白，因爲「無風不起浪」，小道消息不會不脛而走，通常都是有心人放出來的，會傳到你耳裡，難道不會傳到別人耳裡？消息誘你入局後，放消息的人當然把股票賣給你，不然你怎能很快的就買到股票？所以有位股市前輩曾說過，很容易就成交的股票一定要小心，講的就是這個道理。

倘若放消息的人把股票都經由消息和耳語的散布而賣出了，試問他若不等到股價下跌到一定幅度，怎會輕易再把股票接回來？而一般人貿然買進就眼巴巴的看著股價下跌，最後忍不住認賠賣出，結果又通通被放消息的人接回去了。

這就是股市的生態，股票市場本來就是弱肉強食的市場，沒有誰強迫誰去買股票，它只會誘惑你，用人性的貪來誘惑你，再用人性的怕來嚇唬你。所以想在股市賺錢成贏家，你必須不貪也不怕，或是根本不去碰股票，保持清心寡慾倒也是個辦法。

所以，我有個很重要的觀點要說，那就是股票或任何投資，**要買在不安心的時候，而賣在很安心的時候**。這句話很重要，希望你能體會。

什麼是不安心？就是你懷疑、不確定和害怕的時候。你不確定股市是不是要漲了，你不確定股票會不會繼續下跌，或是股市猛力下跌而你極端害怕的當下，其實都是很好的買進機會。

相反的，當你很安心，買進股票很有把握的感覺，如同泡在溫水池般舒適，一點風險意識都沒有的時候，其實是很危險的時刻，因為你感到舒適，在這個市場的大多數人也同感舒適，那麼表示極大的風險就快來臨了。而一旦風險來臨，多數人都來不及從溫水池中脫身而出，那麼多殺多的情況就會很慘烈。記得，市場的神經是很敏感的。

所以下次做任何投資前，先問自己：我現在安心嗎？千萬不要很安心！

如果依台股的長期走勢來看，從民國 50 年代有股市以來，台股 50 多年來的歲月，指數站上萬點僅有三次，包括 1990 年的 2 月、1997 年的 8 月及 2000 年的 2 月，而且共同的宿命都是很短暫的「煙火式」行情，隨後都是猛力的下跌「跳水」行情。

同樣的，台股在過往的歲月裡，只要指數跌到 5000 點之下，歷史證明都是好買點，尤其是指數愈跌機會就愈大，股票若買在 4000 點上下，後面都是倍數大利潤。但通常指數跌到 5000 點都是市場極端恐慌下的結果，多數人選擇的是賣出股票而非買進股票。

我認識的一位建設公司老闆娘曾跟我說她在 2008 年雷曼風暴當時，台股跌至 4000 點的狂跌行情下，認賠出清了手中持股，總計賠了 3,000 萬台幣。她說當時有位在某外商銀行工作的學弟告訴她，一定要賣出所有股票，因爲根據她學弟得到的消息，華爾街的問題眞的非常嚴重，恐怕除了雷曼倒閉外，還有其他的大型金融機構也要接連倒閉，後面的危機和市場風險深不可測。

我朋友一聽之下，就把手上的股票全部出清了。而台股在 2008 年底跌到最低點 3955 點之後就一路回升到 2011 年 2 月的 9220 點。事後說起，她的表情眞的有些哀怨。

能怪誰？雷曼風暴當時引起全球神經緊繃、風聲鶴唳，尤其金融界人士更知道情況的嚴重性，骨牌一張張應聲倒下，金融市場全面失控，所有人都不計代價的賣出手中持股以換取現金，甚至連錢放銀行都不安心。全球最大的保險集團 AIG 亦傳不保，花旗銀行流動性涸竭，傳來的都是極爲緊張的訊息。賣出！是不得已的選擇，此時只能選擇停損保命，不是嗎？

不安心一定要賣出，但不安心買進的人呢？雷曼風暴當時，誰在買進呢？如果能賣得掉股票，代表一定有人買進呀！是誰敢在大家都不安心的時候買進？那些買進的人當時的心裡準備又是如何？他們的心理素質如何？他們又如何能買進？是因爲早已出脫股票而滿手現金，好整以暇的等待市場暴跌，在人心陷入恐慌的時候大撿便宜貨！而他們又是如何知道早該脫手股票，而非等到市場暴跌才驚覺時機已晚？

這一連串的問題，留待你去思考。想一想，把你的心得寫在書的空白處。

把錢存好
用耐心換取大財富

台積電董事長張忠謀曾在 2000 年公開批判台灣股市，當時他說企業要發展就一定要有值得長期投資的股市和穩定的金融環境，但台灣股市是「不入流的，如同賭場一般，使台灣股市成爲短線投機市場」。張忠謀此話一出，震驚全台，第二天各報大做頭條，一時之間引爲話題。

時隔 10 多年，不知張忠謀心中這個不入流的賭場有無絲毫本質上的改變？無奈的是他老人家從此對股市少有任何隻字片語，外界很難了解他心中的眞實想法。不過，台積電的股價倒是頗得「賭客」的青睞，在 2008 年雷曼風暴重創台股跌到 4000 點之後，台積電股價再於 2012 年初創下了 10 年來的新高價，若還原權值則是創下歷史的天價。這也代表了張忠謀經營台積電獲得了認同，無論賭場入不入流，但還是有公理的。

股市是不是賭場？這件事不是本文討論的重點，畢竟人生起伏，許多關鍵決策時刻都帶點「賭」的意味。當年張忠謀離開德州儀器回台創辦台積電，難道就已預見今日的發展和成就？我當年離開安穩的中央通訊社投身驚濤駭浪的影視媒體不也是賭它一把。人生好玩的，也正是它不好玩的，就是下一張牌你永遠不知掀開來是什麼，不然怎會有那麼多賭客終日迷戀在百家樂賭桌邊，等著翻開下一張牌呢？

所以，暫且不論其他，回到現實面想想如何在賭場贏錢吧！前文一大部分已說到在賭場裡要押在不安心的時候，而在安心的時候離手。現在要說另一個獨家心得就是把錢存好，等待最佳時機出手。

這個心得看似平凡，但非常不平凡，因爲它有幾個重要條件：

1. **把錢存好**：一般人會賺錢，但通常不會把錢存好，手上有點錢就想東想西。尤其時下利率極低，錢根本放不住銀行，東投一點，西投一點，最後都以賠錢收場。

2. **等待最佳時機**：等待最佳時機也很難，因爲常常要等好幾年，最佳的買點才會到來。而每當買點到來之時，市場氣氛又極其肅殺和恐慌，再加上錢不是早已套在股票上就是投在別的項目上，只能眼巴巴的徒呼負負。

其實眞正獵鷹型的投資者都是冷靜且深沈的人，平常幾億、幾十億的資金都放在債券市場，每年賺取少得可憐的利息，管你說台灣利率全世界最低也無所謂。但每當股市崩盤大跌，他們的精神就來了，就像鯊魚嗅到了血腥味、獵鷹睥睨天際看到了兔子，牠們就以極快的速度衝向獵物，絲毫不猶豫的生吞活剝。

這種大戶型、快狠準的操作方式，已不斷的獲得驗證。我認識或聽說的大戶，明顯對比的例子是兩個家族，一個經營飯店，另一個經營化工業。飯店家族有大把大把的現金，他們醉心於股市操作，甚至從市場上找來操盤手負責每天的股票進出，專心研究，但最後家族成員總是跟人抱怨股票輸錢。

而經營化工的家族，平常好像呆子一般把幾十億放在銀行只買債券，從不碰股票，只有在每隔幾年股市大跌之際，家族成員就開始賣出債券，換成現金，逐步進場買進他們最懂的化工和塑膠類股，像是台塑、台化這類股票。最後利空過後，股市回升，大賺上倍之後趁市場餘溫尚存之際出脫全部股票，再將資金轉入債券市場保本。

這是眞實的案例，說明了：**天天進賭場的人是不會贏的，只有在對的時機狠玩一大把的人才會贏。**狠玩一大把的條件是看準時機和把錢存好。

新加坡爲提振觀光市場開了兩家賭場，但新加坡當地人進賭場要繳 100 新元或是 2,000 新元的年費，還沒賭就先輸了 2,347 元新台幣（新幣兌新台幣約 1：23.47）。

天天賭你會贏錢嗎？

開賭場真的是一本萬利，不然澳門怎會一間間賭場接連開，而且一家比一家豪華奢侈。金沙不夠看，去看看金碧輝煌的威尼斯人，太陽劇團揮別了威尼斯人，去新濠天地看水舞間，水舞間看過了，去住銀河還有人造海灘。天呀，澳門還要開多少家賭場？

爲何這些大富豪們敢投資動輒幾百億、上千億台幣開賭場？理由很簡單，會賺錢！就像嘉年華敢投資一艘造價要177億新台幣的歌詩達遊輪一樣，會賺錢！誰不想一生去做一次高17層樓，比鐵達尼號還要長20公尺的超級豪華遊輪？更何況，上面還有賭場。但重點是不要觸礁。

試想你進賭場是拿白花花的銀子換塑膠籌碼，籌碼誰做的？當然是賭場。做籌碼需要提存準備金嗎？當然不用。換言之，賭場可無限量供應資本，而你的資本是絕對有限的，況且賭場還有抽頭的利基。到最後，你贏還是賭場贏？你的資本多，還是賭場的資本多？你夠狠，還是它夠狠？

股市若是賭場，誰在供應籌碼？講白一點，誰在印鈔票？經濟學上有所謂的鑄幣稅（seigniorage），也稱爲「貨幣稅」。簡言之，也就是發行貨幣的組織或政府可以不須任何補償地用紙製貨幣向自己的居民換取實際經濟資源，從中攫取發行貨幣所產生的特定收益。這部分由貨幣發行主體壟斷性地享受「通用貨幣面值超出生產成本」的收益，就被定義爲「鑄幣稅」。

印鈔權只有政府有，你敢印，肯定犯法，全球各國都一樣，有本事去開政府。而股市是政府在收交易稅，每賭一把無論輸贏都得交手續費和交易稅，目前大約是千分之三，所以要想清楚再交易，才不會被「抽頭」。台灣1年證券交易稅收超過1,000億新台幣，眞挺好賺的。

既然進賭場（再次強調是張忠謀說的）要考慮成本，那麼就要想好對策，更何況這個賭場是個怪獸型賭場。

選股的獨到邏輯和方法

選股是個大學問，建立一套選股邏輯是必要的，否則容易大海撈針或誤信市場傳言。市場消息往往是假的。

選股邏輯我的第一步是先確立邏輯程序，先由上而下（top down）觀察，再由下而上（bottom up）觀察。

宏觀經濟：由上而下，注重景氣循環與經濟形勢

由上而下的觀察策略是指經由景氣循環的方式，決定整體投資方向。景氣往下當然要謹慎投資，景氣往上可大膽投資，這是基本觀念。

一般而言，景氣循環有 4 個階段，分別是繁榮期、衰退期、蕭條期及復甦期（**圖 4.1**），周而復始。如何分辨景氣在什麼階段？我們可用一些很容易找的指標來觀察，包括：利率、通貨膨脹率、股市與新台幣匯率高低點。

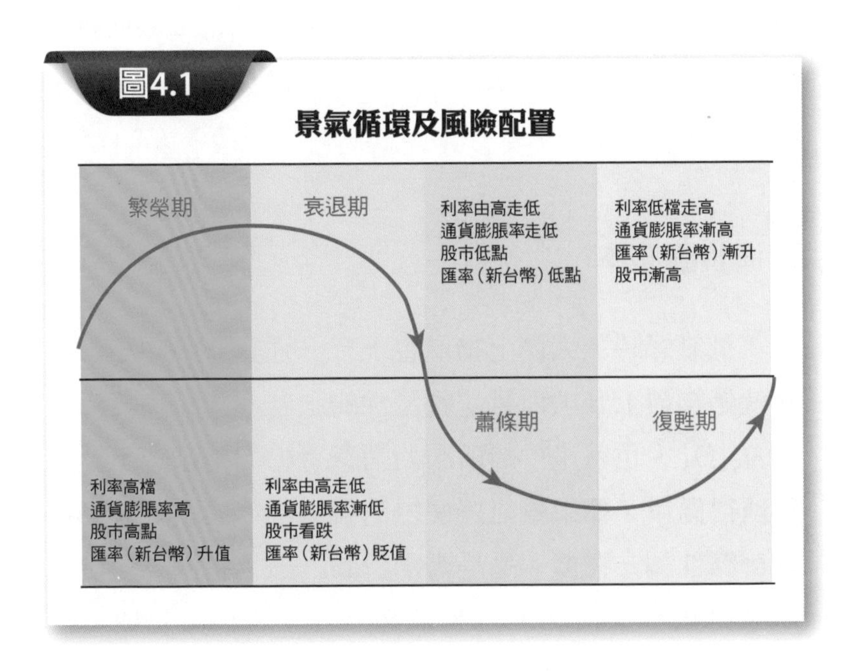

①利率

利率是政府調控景氣的重要工具，職掌在中央銀行手中。通常景氣好的時候利率會在相對高點，央行會不斷升息以壓抑過熱的經濟；反之景氣轉差，央行會降息寬鬆貨幣來應對，以支撐景氣不致過速惡化，協助企業界度過景氣寒冬。觀察利率的升降與高低可以了解景氣的位置。

②通貨膨脹率

景氣好時，大體上物價會上升。通貨膨脹的相對觀念就是物價上升，而且是整體性的上升，此時通貨膨脹率會上升，也就是一般所謂的消費者物價指數會上升。道理很簡單，如果景氣好使得消費者購買力強，銷售者就有條件調升物價，這是需求拉動。但也有例外情況，如果景氣不是很好，但物價還上升，恐怕就是成本推動，或是貨幣供給推動。例如，2012 年在油電雙漲下，儘管景氣不佳，但物價還是明顯上升，就屬這個情況。

但一般狀況下，物價會隨著景氣上下波動，這也就是央行升降息的原因。升息可壓抑物價成長；相反的，降息廠商資金成本降低，有助於維持一定的經濟力道。

由**圖 4.2** 明顯可見，2006 年中消費者物價指數（Consumer Price Index, CPI）一路上升，到 2008 年達到高峰。事實上，2007 年台股漲到 9500 點之上，當時景氣很好，直接拉動了物價指數，同時國際原油價格於 2008 年中飆上了每桶 140 美元的歷史高點，也帶動台灣的油

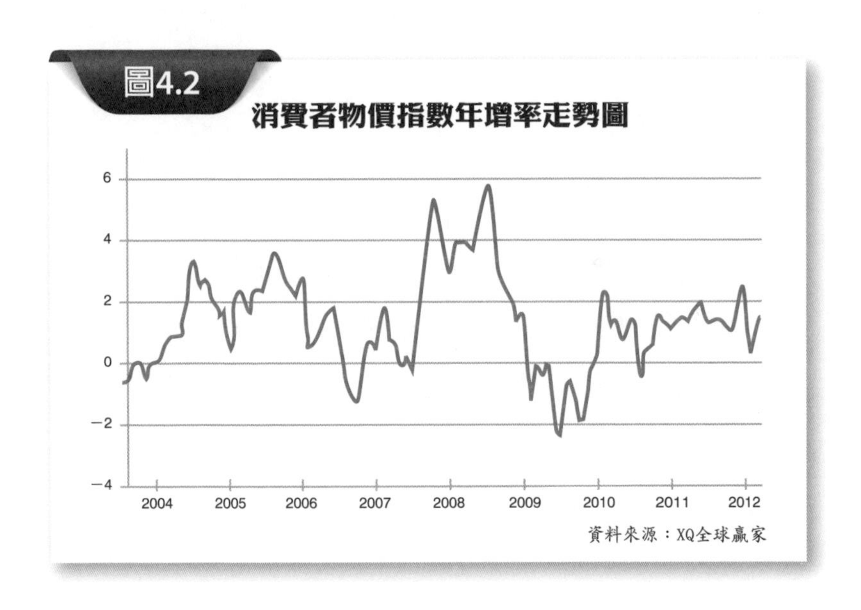

價來到歷史高點，景氣好加上原物料的成本雙重推升效應下，讓物價達到了高點。但最終在景氣循環下，股市慘跌、油價崩跌，物價指數也於2009年中跌到了負值，出現了短時間的通貨緊縮現象。

所謂通貨緊縮是相對於通貨膨脹。日本是全球通縮的代表，日本物價近10年來一路跌，所以日本人愛放現金，因爲錢不花會隨著時間流逝而更值錢，貨幣購買力在通縮下會呈現上升而非下降，所以商品愈沒人買，如此惡性循環造成百物皆跌，是經濟發展的癌症。

③股市高低點

股市是領先景氣的指標，股票市場裡老手常說：「春江水暖鴨先知」，指的是景氣轉好轉壞，股票會先漲先跌。股價指數的高點就是景氣相對的榮景位置，相反的，低點亦是谷底位置。從股價指數位置可明確判讀。

④新台幣匯率高低點

新台幣升代表資金匯入，資金匯入因素很多，從利率到股市都有關係。整體而言，資金匯入新台幣會升值，股市大體會上漲，而景氣是往好的發展。相反的，新台幣貶值代表資金外流，股市會缺乏資金動能而呈下跌情況，景氣亦是較差情況。

由上向下策略是以大環境面爲投資基礎，如果環境面不佳就要規避投資，反之則是加碼投資。但這個策略並非現今的主流投資策略，主因是投資機構通常不管景氣好壞可能都得投資，尤其是景氣不佳之際，投資人會要求機構法人打敗大盤，取得優於整體市場表現的投資報酬率，故時下流行的投資策略是由下而上的策略。

微觀產業：由下而上，挑選公司

這個投資策略指的是不去管景氣好壞的大環境面，先專注於挑選好的公司，因爲不管景氣好壞，如果都要投資，那麼找好的公司是先決條件。例如台灣的股票型基金有持股最低水位限制，不管市場漲跌，都必須有一定的持股規模，找尋有利基且有競爭力，能爲股東帶來豐厚投資回報的公司就很關鍵了。

關注有競爭力的產業與企業。大家都知道，投資一家有競爭力的公司會帶來正面的回報，問題是什麼是有競爭力的公司呢？過去台灣的 DRAM 產業也曾經一度被認爲是有競爭力的產業，但如今卻被韓國打得體無完膚。因此，有競爭力的公司勢必要以嚴格的條件來檢驗，說明如下。

①個別企業經營

首重經營條件，關注成長性與趨勢性。產業發展有其必定的軌跡，從草創到成熟，通常成長最快速的期間，是一家企業的青壯年階段。倘若一家公司發展到成熟階段，股價不會有太多的爆發力，會是價值型投資標的。

如果以產業規模和風格區分和定位一家公司，晨星

（Morningstar）發展的九宮格法頗值得參考。九宮格的樣式如下：

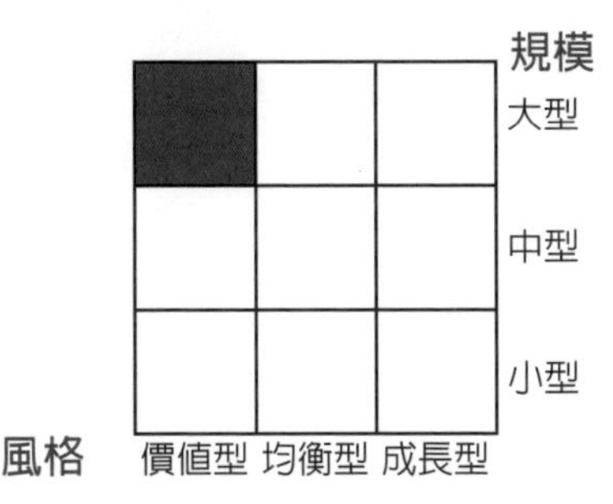

一家公司是大中小型很好判斷，台積電絕對是大型公司。上櫃股票很多公司股本僅 5-10 億元，就屬小型公司；一般股本 30-50 億元公司多屬中型公司。但一家公司是價值型或成長型，就必須有更客觀的指標了，這點晨星亦提供了評分標準。

台積電、鴻海和台塑這類公司是標準九宮格中大型且價值型公司。這類公司具抗跌特性，但也不易狂漲，屬穩健保守標的，買點是在股市崩盤跌至低點時，這類股票就有很好的投資時機。例如，2008 年次貸風暴，鴻海股價曾一度下探 50 元，之後回升至 150 元，若於低點勇於買進，獲利倍數可期。

價值型及成長型得分評估標準

價值得分指標和比重		成長得分指標和比重
	★期望指標	
預期每股市盈率	50.00%	預期長期盈利成長率
	★歷史指標	
每股市價賬面值率	各12.50%	賬面值成長率
每股股價營收比率		收入成長率
每股市價現金流量比率		現金流成長率
每股股息收益率		盈利成長率

資料來源：晨星

但眞正會狂飆的股票是九宮格裡中小型且成長型的公司。例如上銀，這家工具機的上游公司，專做工具機不可缺少的滾珠螺桿，2008 年股價才 20 元，2011 年 7 月飆上 400 元，整整 20 倍的漲幅，極爲可觀驚人。上銀股本僅 20 多億元，但於 2009 年和 2010 年營收以爆發式成長，直接推升法人鎖碼而形成股價狂飆，就是最好的例子。

②技術面

買進股票時也必須對照股價高低位置相對價值面關係，股票走勢的技術面也很值得參考。但因市面上談技術分析的書籍很多，在此不做重複。不過，下面會就整體指數進出參考點的指標做些分析。

股票爲什麼會漲？其實可回問：股票爲什麼會跌？若回到古典經濟學理論 S ＝ D，也就是供給等於需求，其實股價漲跌就是供需之間的關係，供給面大於需求面，股價就跌，反之股價就漲。

講白話點就是買盤大於賣盤 vs. 賣盤大於買盤之間的關係。所以，**市場資金是關鍵，市場資金等於錢的流向**。市場資訊領先者會帶領資金流向，而誰是領先者？包括上市櫃公司的大股東、法人、創投、敏銳的市場觀察者。誰是落後者？就是市場資訊被動接收且不過濾者。

結果是領先者贏，落後者輸，80/20 法則永遠適用，導致財富集中化而有占據華爾街的活動。

領先者觀察什麼？

1. 產業趨勢，包括了消費趨勢、人口趨勢、成長趨勢。其實這些趨勢代表了更好的生活，也就是有哪些企業能提供人類更好的生活就是觀察方向。

2. 趨勢下前導者，同時在這些趨勢下，一家好的、值得投資的公司要具備技術、創新、資本三大能力。

領先者追逐什麼？

1. 趨勢形成之前導者，在趨勢未形成前，領先者即會開始鎖定追逐特定標的，不會是等到趨勢成熟後才跟風。

2. 一家有機會的公司必定有其特徵，包括營收、盈餘成長、公司的產品能否成爲消費者的使用習慣；而這家公司的知名度、品牌、壟斷性也很重要。同時要具備技術優勢。

領先者拋棄什麼？

1.高峰過後無法再創新者。
2.趨勢形成後經營無法上軌道者。
3. 經營規模無法再擴大者。

觀察、追逐和拋棄是投資股票重要三部曲，但任何人都有可能看走眼，一旦看走眼就得停損。而停利則是坐上順風車後，在落後者也成群談論這類題材之際執行。

股市簡易卻有效的大區間操作法

從台股總市值對照成交量來看，台股就好比不斷增肥的大象，但象腿卻愈來愈細，無怪乎每隔幾年，台股總要崩跌 50% 以上。1994 年，台股當年上市家數 313 家，總市值 6.5 兆台幣，當年成交金額 19.4 兆，成交金額／總市值比是 2.98 倍。但到 2011 年、民國 100 年，台股總市值 19.2 兆台幣，成交金額 26.1 兆，成交金額／總市值比僅 1.35 倍。爲何台股市值膨脹愈大，但成交金額相對縮小，這其中道理值得玩味。

無論如何，成交量是推升股票的主要動能，成交量不夠就不足以推升股市持續走高，這也是爲何台股 10 年線走平的原因。10 年線走平代表過去 10 年來，台股是大箱型結構，頭部看 9000 點附近，底部看 4000 點附近。倘若未來10年台股還是大箱型結構，則操作台股的第二祕訣就出來了，也就是採取以時間換空間的策略，依據長期結構來操作，只要指數接近頭部就出清股票，而指數跌至底部區就大量買進股票。

9000點加上4000點是13000點，若將13000點除2，得出6500點。6500點就是台股的中界線，漲超過6500代表台股進入相對風險區，但跌至6500之下，代表台股進入相對低接區，6500是不高不低區。此一操作方式我稱之爲「**大區間操作法**」，適合有耐心的人運用，不適合天天想賺股票錢的人。

若將大區間再細分，6500至9000的中間區是7750點，超過7750之上，代表台股進入高風險區，愈往8000之上到9000點風險就愈高，在這區間要極端小心，6500至7750之間則相對安全。儘管算風險區，但以台股歷史經驗，只要多頭行情一來，這個區間都能突破，市場主力非得拉到9000是不停手的，這樣才能套死散戶。

而 6500 至 4000 的中間區是 5250 點，若股市跌至 5250，眞的可以大膽放手買進。不過，通常股市殺破 10 年線必定有大事，否則不會輕易跌至此區間。如果是大事，底部不會只一天而已，必定是重複殺低出來的，至少一季時間形成的底部，所以不必急於一次買進。指數若跌至 5250 區間，必然有反覆測底買進的機會，因而應該擇股分批買進。

指數若進一步跌至 5250 至 4000 點區間，這時要狠下心盡量買進，因爲先前在 5250 區間是分批買進，故此時一定仍有資金可再進場。記得，此時不要懷疑，買進就對了，愈往 4000 愈買，不要懷疑、不要停手，然後打定主意至少半年到一年後才考慮賣出。在這個區間內幾乎所有股票都物超所値。

只要指數跌至 5250 至 4000 點區間，我認爲在此買進股票只有時間風險，沒有價位風險。什麼意思呢？也就是只要持有夠久，最後終將賺錢。然短期甚或中期可能會被套住，但絕不會是套牢，短期甚或中期買進的股票有可能繼續下跌 1 成甚或 2 成，但只要持有夠久，最後終將解套大賺。

相反的，股票若買在 8000 至 9000 點，甚或更高的區間，那麼大多數的股票都已價格高昂，此時若買入而不設定停損點，一但套住就會變成真正的套牢，而且可能經年累月都無法解套，一住套房可能數年之久。

所以，歷史證明，唯有耐心等出底部者，才是股市通吃大贏家。動輒進出者，是政府和證券公司最歡迎的流動性供給者，至於後者會不會賺錢，那就要看個人的道行了。

價值 vs. 價格
如何挑出好貨？

這世間任何事物都有其價值和價格比。價格超過價值代表「溢價」，講白了就是貴了。而價格低於價值代表「折價」，就是便宜了。價格爲何不能和價值維持一定的平衡和客觀，因爲這世間根本沒有絕對的平衡和客觀，不是嗎？人心是浮動的，是不安的，是多變的，所以這兩者的關係也隨著人心而時刻改變。

貨幣的價格，多半表彰在利率、物價與匯率上。如果說貨幣價格表彰在股價上也可以不是嗎？例如台積電某個時刻每股 40 元，而某個時刻漲到 80 元，但 100 元新台幣還是 100 元新台幣，只是過去 100 元新台幣可買到 2.5 股台積電，但現在只能買到 1 股多一點而已。所以貨幣的價格從股價的角度觀察會隨時改變，貨幣本質不變，變的是人心和大環境。

至於物價是以物品來表示的貨幣價格、利率是貨幣的時間價格、匯率是以他國貨幣表示的本國貨幣價格。這三種情況是表彰貨幣價格最常見的標準，它們也是隨時在變動。

凱因斯認爲人們持有貨幣有三大動機，分別是交易動機、預期動機和投機動機。而利率是人們放棄流動性而獲得的補償。

所以，貨幣價格之所以改變，是人隨時都想投機，隨時想交易和想到未來而產生預期心理。會把錢放定存的人，就是不想隨時投機，也不想交易，但想到未來的生活所需，而寧可賺取少得可憐的利息去放棄可能隨時而來的交易和投機的可能。

既然股市提供的是交易、投機和預期三者都具備的市場條件，自然會吸引保有流動性，也就是不存定存的人的錢隨時流入的機會。中央銀行每月都會公布三大貨幣總計數，其中 M2 代表的是台灣以各種形式存放的資金，包括最主要兩項，即活存和定存。一個代表流動性，一個代表固定收益性；一個是活的錢，一個是死的錢。目前台灣的 M2 是 32 兆多，超過台灣 GDP 的 2 倍，代表台灣的錢很多，但大多數台灣的錢是死的，因爲放定存的高達 20 兆台幣，放活存的 11 兆多，所以定存族是活存族的 2 倍。

投入股市的錢，一般叫證券劃撥款，它屬於活存。錢放在證券劃撥款裡幾乎是沒利息的，所以若不是準備投機或交易股票，一般不會把錢放在這個戶頭裡。而資金又是推升股市的動力，故觀察證券劃撥款的增減也是觀察股市高低點和熱度的一項指標。

例如，台股 2008 年底因雷曼風暴跌至 4000 點，當年底證券劃撥款減至僅 7,591 億。但股市從 2009 年一路回升，證券劃撥款亦從 2009 年初的最低 7,511 億一路上升到 1.3 兆之上，迄今一直維持在這個水位沒太大變化。

其實，買賣股票若從價格來判斷，有三大評量標準，包括：**本益比、股價淨值比**和**股利殖利率**。一般法人評估市場高低點通常都會參考此三大指標。因爲，貨幣不變，變的是股價，股價高或低，也就是便宜或太貴，就得靠一些較客觀的數據來分析，而不是只憑感覺。

首先，本益比，一般指的是成本和獲益預期比。

$$\text{本益比} = \frac{\text{股價}}{\text{EPS}}$$

這裡要告訴你的是本益比可能的變動方式。因爲本益比通常愈低愈好，代表成本愈低，但獲益愈高，請問誰不想這樣幹，難不成你想付出一大筆成本，但零獲利？例如，某支股票現股價 100 元，但 EPS 10 元，本益比 10 倍，而另一支股票股價 100 元，但 EPS 僅 5 元，本益比 20 倍，請問都是 100 元的股票你要買哪支？

OK，即然如此，如何使本益比低呢？

股市狀況分析（以股價、本益比變化爲基準）

股價 EPS↑	股價不變 股票的每股盈餘增加	注意買點
股價↓ EPS	整體環境變差，個別公司經營面開始轉差，EPS暫不變	小心謹慎，先停看聽
	大盤出現下跌趨勢，個股因籌碼面出現鬆動，而導致股價下跌	持續追蹤企業財報，未出現獲利及營收衰退的狀況，逢低找尋買點
股價↑ EPS↑↑	公司獲利好轉，經營績效顯現，每股盈餘上升，帶動股價上漲但未超漲	保有閒置資金者，可看好價位適時切入買進
股價↓ EPS↑	股價下跌的同時EPS上升情況少見，是因為大盤發生非理性的下跌導致個股連帶大跌	停看聽，注意逢低找買點
股價↓ EPS	股票的每股盈餘不變，但股價下跌。可能是大盤轉差，或個股出現套現賣壓	觀察一段時間，但可注意逢低的反彈賣點
股價↓↓ EPS↓	股價跌幅大於EPS跌幅可能是公司經營不善，盈餘下滑的利空，導致股價大跌	短期問題：股價大跌之後成交量縮時即可擇機買進 長期問題：停看聽

股市千變萬化，這六種狀況都會出現，值得細心觀察。但這六種狀況的分析並非絕對，因股價下跌有千百種原因，投資人要分辨清楚，再做投資決策。若股價下跌是因非理性的因素，而企業本質不變，那麼好買點就

浮現了；反之，股價下跌是企業經營狀況轉差，或是大環境的景氣或經濟狀況轉壞，那就必須當機立斷賣出手上持股，即使虧損也要執行停損，不能有絲毫的猶豫。

企業的獲利成長是必然的，上市櫃公司經營者就是要不斷的替股東創造獲利，因爲沒有人會去投資一家沒有獲利，或是沒有獲利展望的公司。而且獲利要能持續成長，是經營者的任務。故投資人看股票，一定要看營收和盈餘是否能持續成長，且成長的幅度和軌跡是否穩定。

一般企業成長的軌跡有所謂的「S」曲線理論，也就是企業從新生到成長到成熟再到衰退，就如同S這個英文字母的形狀般（**圖4.3**）。

企業發展初期通常是燒錢階段，獲利位於S曲線下方，但若企業發展方向正確，獲利和成長性則會隨著企業經營規模的擴大而增加，這期間股價最具爆發性。例如2010年和2011年的宏達電就是最好的例子，這期間宏達電出貨呈現爆發性成長，股價從每股300元漲到

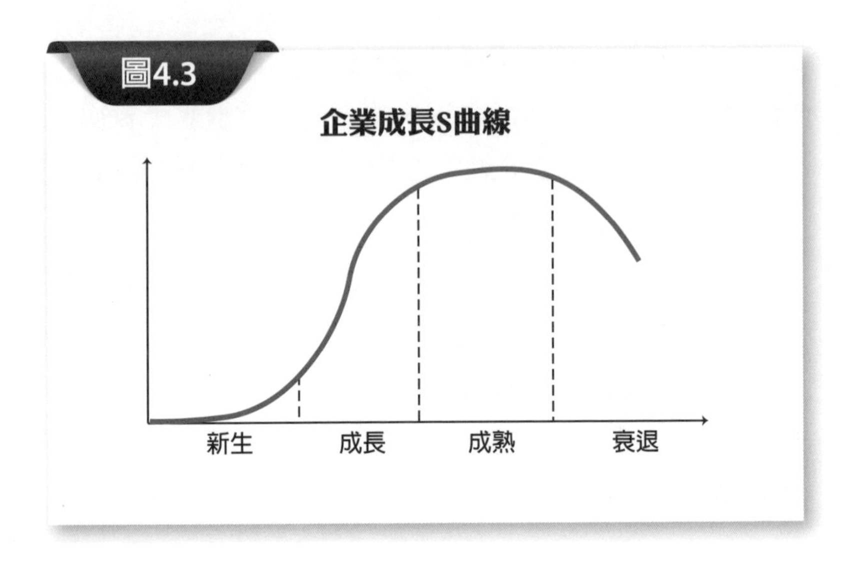

1,300 元。但沒有一家企業能永遠不墜，最佳狀況就是隨著資本和經營規模的擴大，營收和盈餘的成長也能維持和前者一定的上升比值，如此即能在 S 曲線的高峰不墜，例如台積電、鴻海和中華電信就屬這類企業。一般而言，這類企業的股票不會有太大的爆發性，但屬穩定股利性公司，或一般通稱「定存股」。

投資人尤須避開的就是從 S 曲線最高峰往下滑的企業。這種企業一方面即將失去競爭力，另一方面股價又在高點，對投資人而言最不利。因爲這種企業若是不力圖轉型、再創高峰，很可能一蹶不振，股價則可能大江東去不回頭。投資人若是沒能及時出脫股票，就會長期套牢無法解套，使資金凍結，所以一定要謹慎。

一蹶不振型的企業最多發生在科技產業上，而這些科技股在淪落至長期股價低於 10 元票面之前，都曾風光過，尤其是在初上市櫃階段股價都曾好過一段時間，但隨著公司經營無法突破，或是技術無法創新，公司競爭優勢流失，逐漸反映在財報上而使股價愈來愈低。投資人最要小心的就是這類企業。

事實上，台灣有很多上市櫃公司上市的目的本來就是心存撈一票就走，在上市櫃前用盡各種方式美化財報，其中有很多虛假的財會技巧，等到上市櫃了，順勢將股價炒高了，大股東把股票賣一賣，公司就放給它爛，這種前例是有的。所以投資人要懂得保護自己，任何有關上市櫃公司個股的新聞，無論是利多利空都要審視，不要盡信。而公司財報要長期觀察，不要只看片段利多或利空數字，這樣才能洞燭機先，保住自己的財富。

另外，根據本益比、股價淨值比與股利殖利率，我統計 2006 年到 2011 年共計 5 年的週期，提供一個入場時機參考數據。股利殖利率 2006 年是 4.21%、2007 年是 4.22%、2008 年是 9.83%、2009 年是 2.76%、2010 年是 3.58%、2011 年是 5.65%，6 年平均是 4.3%。不過這個平均數沒太大意義，主要是 2008 年雷曼風暴導致股市大跌，使當年股利殖利率跳升至 9.83% 而拉高平均數，但相對的，倘若下次股利殖利率再來到 9.83%，代表大買點又來了。

若以 5 年台股股利殖利率的變化情況來看，3.5% 至 4.2% 是正常情況，高於 4.5% 是較佳情況，而低於 3.5% 是較差情況。如果股利殖利率低於 3.5%，代表整體股票的價位太高了，不值得買進，應該賣出，但若高於 4.2%，代表股票相對便宜。以定存爲例，這幾年利率都不到 2%，若股利殖利率有 4.2% 之上，代表股票的利息較定存有吸引力。但若股票的利息僅有 3%，那誰要冒著可能股價下跌的風險而大量持有股票去等 1 年只有 3%

的收益，那還不如老老實實去放 1 年 2% 的定存，反正不會有本金損失的風險。

至於本益比，2006 年是 18.98 倍、2007 年是 15.31 倍、2008 年是 9.8 倍、2009 年是 11.54 倍、2010 年是 16 倍、2011 是 15.76 倍，6 年平均是 14.56 倍。與股利殖利率一樣的，2008 年台股本益比降至只有不到 10 倍，看起來真的是讓人流口水的好買點，股票當時太便宜了。所以台股本益比下次若再掉到 10 倍附近別忘了進場。

而台股本益比若整體攀升到 15 倍之上，其實就要很小心，代表股票貴了。例如 2006 年上了 18 倍、2007 年在 15 倍，連續 2 年的大漲，最後落得崩盤收場。而 2010 年及 2011 年本益比又來到 15 倍之上，代表股市的價位已不和藹可親了。

另一項指標是股價淨值比，2006 年是 1.98 倍、2007 年是 1.95 倍、2008 年是 1.09 倍、2009 年是 1.91 倍、2010 年是 1.95 倍、2011 年是 1.54 倍，6 年平均是 1.7366 倍。2008 年 1.09 倍是近 6 年來股價淨值比最低的

1 年，接近 1 倍，代表全體上市公司的股價大約等於淨值，便宜呀！請把 1 倍這個數字記好。但若股價淨值比超過了 1.73 倍，代表股票貴了，要小心了，過往例子顯示 2006 年與 2007 年都超過，2010 年也超過。

至於台股總市值也可參考，有人習慣將其與 GDP 相比，得出台股總市值／ GDP 比來參考。一般市值愈膨脹代表風險愈高，如果這個除出的數字愈大，代表市場風險愈高。2006 年總市值 19.37 兆、2007 年 21.52 兆、2008 年 11.7 兆、2009 年 21.03 兆、2010 年 23.81 兆、2011 年 19.2 兆。6 年中，台股市值僅有 2008 年比 GDP 小；換言之，比值不到 1 倍，其餘皆超過。台灣 GDP 約 14 兆，台股市值愈超過 GDP 愈要小心。

美國也做過統計，標準普爾 500 指數（Standard & Poor's 500 Index，簡稱 S&P 500 指數）過去 20 年市值占 GDP 比平均數是 74%，而過去 50 年是 62%。另股價占淨值比過去 20 年平均是 1.15 倍，過去 50 年是 0.76 倍。若僅比較這兩個數字，買進台股的價值遠遠不如買進美股。

本益比、股利殖利率與股價淨值比無論是大盤或個股最重要的三大評量值，請所有讀者一定要密切追蹤這 3 個數值的變化。這 3 個數值在台灣證券交易所網站上都可找到，建議大家做每月的評比和記錄，你會發現其中的變化趨勢。

這裡再重複一次，因爲它太重要了！請記得，整體大盤本益比低檔區在 10 倍上下，高檔區在 16 倍上下，這之間股價指數有 50% 的上下空間，夠大了吧！

股利殖利率若低到 4% 之下就要小心，此時整體台股股價水位可能相對偏高；或是企業獲利因大環境不佳而整體偏弱，這時要小心手上持股，或是早先一步發現股利殖利率下滑趨勢而先行出脫持股。反之，若整體大盤的股利殖利率來到 8% 或之上，無論如何要開始找好股票買進，切勿放走賺錢的機會。

最後，股價淨值比若整體來到 1 倍附近，投資人眞的不要考慮了，手上有的現金都可分批買入好的股票，此時做中長期的持股布局不會吃虧的。但反之，整體股價淨值比上到 1.8 倍到 2 倍，也不要考慮太多了，股價眞的貴了，不要再貿然追進股票，此時多休息，多看少做才可明哲保身。

房產
戰略級的資產分配

通貨膨脹初期，會產生抗通膨的心理，而將資金投注在房產上。

利率
是左右房產價格
的重要因素

房產基本觀念先建立

房產最主要的 6 個觀念爲：

1. 屬固定收益投資，著眼長期增值潛力。
2. 房產收益有當期固定收益與增值未來收益。
3. 房產是實質資產，具相對穩定資產特性。
4. 持有成本是收益減項，持有成本含固定與變動成本。
5. 房產投資以區位爲首要考量，其次考量物件本體。
6. 愈富裕地區，房產價格愈貴。

房價基本上跟所得成正比，愈有錢的地區房價一定愈貴。加州最有錢的地方是舊金山的矽谷，當地的房價就是比貴，而且不受 2008 年次貸風暴影響，房價一直是居高不下。洛杉磯附近最貴的是新港市和爾灣一帶，都是有錢人住的地方，黃芳彥就住在這裡，華人圈人盡皆知。

國際上房價最貴的地方，如倫敦海德公園 1 號（One Hyde Park）是英國最貴的樓盤之一。倫敦高端房產的國際買家相對本土買家的比例是全球主要大城市中最高的。倫敦中心地區價格超過 500 萬英鎊的房產，有 64% 的買家是外國人。

而位於紐約市中心的 Setai 第五大道公寓樓其單套公寓的價格從 120 萬美元至 1,500 萬美元不等。這裡一半的買家都來自海外。曼哈頓有 15% 至 20% 的住宅被外國人買下了。

大陸房產價格也誇張，眞不是蓋的，2012 年上海浦東星河灣每平方公尺賣到 75,000 人民幣，大約是 112.5 萬台幣一坪，且每戶最低不低於 3,000 萬人民幣，就是 1.5 億台幣。眞的很頂級，花園美的不行，造景眞的很高檔，但大陸有錢人眞多，也敢花，才是重點。

買一房 1.5 億台幣，而且只有 70 年的地上權，若是你肯買嗎？大陸人均才 3,000 美元，即使上海人均達到了 1 萬美元，也還是很誇張，但它是事實。到北京發現官小，到上海發現錢少，再次應驗了這句話。

美國狂印鈔，2008 年來兩輪 QE 總計印了 2.3 兆美元。中國大陸更恐怖，2012 年 4 月，大陸央行總資產 4.5 兆美元，超過美國聯邦準備理事會 3 兆美元和歐洲央行 3.5 兆美元，成爲全球第一。大陸央行總資產近 5 年來成長 119%，2011 年底達到約 4.5 兆美元；美聯準會、歐洲央行同期資產規模分別爲 3 兆美元和 3.5 兆美元。若比印鈔，大陸人民銀行世界第一！

與之相對應，大陸的 M2 在過去 5 年中也成長 146%，2011 年底餘額已達到人民幣 85.2 兆元（約 13.8 兆美元）。大陸央行資產 2006 年至 2010 年再度擴張 2.4 倍，2010 年資產總額高達 3.9 兆美元，占同年國內生產毛額（GDP）67%。央行總資產主要包括外匯、貨幣、黃金、政府債券等。

全球危機爆發後的3年，即2009年至2011年，全球新增的M2規模中有48%來自大陸；大陸2011年新增M2規模在全球占比達52%；在大陸推動下，全球M2規模將朝向50兆美元邁進。大陸2011年底M2人均貨幣量（M2占GDP比）高達189%，而美國只有64%，這顯示中國大陸流通領域的現金量太大。貨幣超發可能導致大陸經濟長期過熱，或有泡沫式成長的危機。

這也難怪大陸物價房價搞成這樣地步，錢這麼多，流到哪裡去？多數流到有錢有勢的人口袋裡去，他們就去買星河灣這樣的房子。你買不起，對不起！誰叫你沒錢沒勢。物價高有啥關係？吃不起是老百姓，上海物價早就比台北高了。

買股票嗎？還是買房子？人們對貨幣的運用，在同一時空下，只能存放一種，房子、股票、黃金、原油、農產品或現金，只能擇其一，而人們會以自己的判斷選擇一種對自己最有利的存放方式。當然人們的判斷不見得會對，不對就等著賠錢，這很現實的。

把錢放在任何一種資產類目下，我稱之爲「頭寸的配置」。聰明的人可以分散，敢賭的人想要集中，分散或集中都好，是自由選擇下的結果。

例如台北市上億豪宅很多，信義區、大安森林公園周邊比比皆是，但晚上一片黑漆漆，空的比率很高，有人以此判定豪宅空屋率太高，所以房價一定要跌。不過，房價一直沒跌，過去 5 年台北市甚至漲了 1 倍。大安區大安森林公園周邊的中古老公寓一坪甚至要價 70 至 80 萬元，爲什麼會這樣？這其中的道理要從「頭寸」說起。

台灣房地產市場其實有很大的差異性，南北與東西差異太大。

通貨膨脹發生初期，通常會刺激房產價格上漲。由於利率尚在低檔，通膨影響物價全面走高，民眾會產生貨幣貶值的心理壓力，在保值抗通膨的心理促使下，資金往房地產市場移動是可以預期的。

2012 年 4 月油電上調售價成爲眾所矚目的社會議題。從執政者角度思考，中油與台電均面臨鉅額虧損經營困境，兼之國際能源價格居高不下，調整長期在政府補貼下被刻意壓低的能源價格，自有其不得不然的處境。然而，此次上調油電價格引發排山倒海之民怨，並牽動民生物資同聲喊漲，頗有以一根火柴點燃通貨膨脹汽油桶之勢，這恐怕是執政者始料未及的。

趁著油電價格調漲，從學童營養午餐到教科書，從小包裝白米到便當，只要是民生物資件件喊漲，其中固然有成本推升不得不轉嫁消費端的壓力，但也有趁火打劫者。不過，值得注意的是，近來低總價房屋市況大好，不少民眾因物價上漲而產生保值心理選擇購屋，恐怕再掀房價上漲風潮，這對以打房爲政策目標的執政團隊而言，恐非樂見之事。

另根據中華經濟研究院最新預估，2012 年全年經濟成長率爲 3.55%，較 2011 年之 4.04%，差距 0.49 個百分點。消費者物價指數年增率爲 1.93%，較上年增加 0.50 個百分點。從中經院的預估可以發現，能源價格的調漲對經濟成長已構成負面影響，同時也將拉高整體物價水準。經濟成長減緩的同時物價還上漲，實質經濟成長率壓得更低，這對全民來說亦非好消息。這也難怪2012年股市由多轉空，且日成交量一度萎縮至不足600億。

退出股市的資金頗有轉戰房市的跡象，報載近來房地產銷售轉佳，許多預售個案出現了許久不見的來客熱潮。股市成交低迷且經濟成長趨緩之際，房地產市場轉趨熱絡，出現這種現象是值得探究的。

根據我多年的房地產市場經驗，某地區的房產會出現持續性的上漲趨勢，必有其結構性因素，其中資金是最主要的推升力量。2000年美國出現科技泡沫，經濟出現嚴重下滑，美國聯準會出手救市，將當時的聯邦基金利率下調至1%的歷史新低，導致大量廉價資金進入市場，部分資金選擇了房市，使美國房地產出現連續數年的大漲走勢。美國新屋開工於2006年房產最熱之際，曾一度達227萬戶，而目前僅65萬戶，即可見熱度當時有多高。

隨著美國房地產與股市雙雙上漲，聯準會亦於 2004 年初開始調升聯邦基金利率，由 1% 一路上調至 2006 年最高來到 5.25%，以壓抑過熱的股房市。而隨著利率的上升，美國房地產市場在 2006 年結束了大多頭行情，最後伴隨 2008 年的次貸風暴，出現了猛烈下跌的走勢，幾年下來，美國房產價格大約下跌了 36%。而如今，即使美國聯邦基金利率再破歷史新低來到 0-0.25%，30 年房貸利率跌破 4% 亦來到歷史新低，都挽救不了低迷的美國房市。據估計，全美目前尚有 200 萬間的「止贖屋」，亦有 1/4 的房屋價格跌至銀行抵押成本之下，眞是情何以堪！

從美國的經驗可知：

1. 利率是左右房地產價格的最重要因素，因爲利率牽涉資金的鬆緊，且牽動房產持有成本。
2. 當利率來到高點，通常房產的多頭行情會告終。
3. 房產一旦出現泡沫爆破，需要非常長的時間才能恢復生機，且會對經濟成長造成極大的負面影響。

反觀國內，固然油電雙漲是直接刺激民眾購屋的因素，但真正中長期北台灣房價居高不下的原因在於長期的低利化，龐大低廉資金成本的游資無處去可，只好往房市移動，因爲房地產是實質資產，具有保值抗通膨特性，且較股票安全。目前台灣 10 年期國債殖利率僅 1.28%，爲全世界次低，短利指標隔夜拆款利率甚至於 2009 年一度跌破 0.1%，2012 年也僅 0.5% 不到，這顯示了資金成本是多麼的低廉。

反過頭來，執政者真要壓抑房價，就必須採取持續升息的手段。2012 年 1 年期定存利率僅 1.4%，房屋放款利率也僅在 2% 水平，倘若 2012 年通膨成長率是 2%，台灣現是負利率社會，而房貸利率亦與通膨成長率打平而已，這對有閒錢的民眾而言，養房與置放現金不動的成本是相同的，所以當然養房較聰明。

問題是，以台灣長期偏低的利率水準及目前的經濟現況，中央銀行真能大幅且長期拉升利率？恐怕是值得商榷的。但如果繼續維持如此低的利率水準，台灣恐將面對長期物價上升並進一步推動特定地區房價上升的問題。而中央銀行僅靠公開市場操作回沖過剩資金的能力已到了極限，可轉讓定存單餘額已達近 7 兆台幣，每年單利率補貼就達 700 億元，試問央行還能回沖多少？

而台灣每年 M2 成長率還在 4-5%，每年的經常帳盈餘 200 多億美金，加上數千億台幣的政府赤字都將再轉換成新台幣的增發。試問，這些資本要如何的去化？倘若執政者回答不出來這些問題，那麼油電雙漲引發的物價上漲效應，以及房價的居高不下，恐怕能採取的應對方案就有限了。

打房
關鍵在利率高低

三房四衛、400 平方公尺、太平山頂施勛道的頂級豪宅，售價多少？2.33 億人民幣。

400 平方公尺大約是 100 多坪，2.33 億人民幣是 11.1 億台幣，換算每坪價格約是 1,000 萬台幣，這大約是香港房價的天價了。相對台北市頂級豪宅帝寶的最新成交行情約是 250 萬上下，香港頂級豪宅仍是台北的 4 倍左右；而新加坡頂級豪宅區在聖淘沙（Sentosa）一帶，大約是每坪 700 萬上下，李連杰就住那，也貴台北 3 倍左右。雖說新港頂級豪宅貴台北許多，但也不能據此說台北房價仍低，主要是新港有錢人超過台北，新加坡國民所得已達 5 萬美金，台灣才 2 萬，差距甚大。而香港頂級有錢人也絕對多過台北，再加上大陸有錢人主要移往新加坡和香港，相對進來台灣的甚少。像利智和李連杰就移民新加坡，台灣聯電創辦人曹興誠和王永慶的孫子王泉仁也移民新加坡。

我有位新加坡朋友，來自北京，專門在新加坡以炒房爲業，賺很多錢。新加坡的住宅很有品質，每個小區都規劃得很好，房子外觀也保養得很好，是因爲新加坡政府有法令規範，房子外觀不保養住戶會被罰錢。這幾年新加坡經濟大幅成長，國家很富有，機場很漂亮，但機場出入境管理人員很不友善。有回我去新加坡，在排隊等入關時，看到同樣來自台灣的一位出家人，因爲表格可能填不好，又不懂英文，被海關人員訓斥，叫他重新排隊，場面很難看。輪到我的時候，入境表上當地地址我依慣例填了個「Local Hotel」，竟被海關人員要求填上旅館確切地址，我回應說我是受邀來演講，尙不知主辦單位安排住在哪個旅館，結果竟被要求填上當地主辦單位聯絡人員電話和姓名才准我入境。我走遍全球也還是頭一次遇到這種情況，眞不知新加坡海關是對台灣人特別不友善，還是本來就是如此嚴格？

國際主要城市房價比較表

城市	房價（美元／平方公尺）	房價（萬元台幣／坪，依1：30匯率計算）	房價（萬元人民幣／平方公尺，依1：46匯率計算）	購買力平價後人均GDP	房價所得比
台灣台北	7,112	70.5	4.64	35,604	24.0
美國紐約	13,194	130.8	8.61	46,860	33.8
新加坡	16,644	165.1	10.87	56,694	35.2
韓國首爾	8,985	89.1	5.87	29,997	35.9
日本東京	13,855	137.4	9.05	33,885	49.1
香港	19,981	198.2	13.05	45,944	52.2
英國倫敦	15,387	152.6	10.05	35,059	52.7
中國上海	6,932	68.7	4.52	7,544	110.3

※1坪＝3.3平方公尺

資料來源：IMF、Global Property Guide

這幾年亞洲主要都會區房價都大幅上揚，這跟國際資金進入亞洲和通膨的情勢有很大關係。2011年香港的通膨曾一度飆上7%，再加上人民幣兌美元當年升值4.5%，而港幣鎖美元，相對人民幣貶了4.5%，導致香港人不要港幣而改抱人民幣，總計幾年下來香港人換了6,000億人民幣之多，使得香港物價一日貴過一日。同時香港的極低利率，嚴重的負利率，逼得港人只得買房自保，情況與台灣雷同。

爲控制房價，香港金管局總裁陳德霖（Norman Chan）2011 年不斷打房，要求銀行將所有價值 1,000 萬港元或以上住宅物業的最高按揭比例調低至 50%（香港稱房貸爲「按揭」），也就是大約 4,000 萬台幣的房子只能貸到 5 成。而先前，50% 的按揭比例上限僅適用於價值 1,200 萬港元或以上的住宅物業。

香港金管局同時把所有價值 700 萬港元至 1,000 萬港元住宅物業的最高按揭比例調低至 60%。相比之下，此前 60% 的按揭比例上限適用於價值 800 萬港元至 1,200 萬港元的住宅物業。

但諷刺的是，亞洲首富李嘉誠的公司、長江實業（集團）有限公司〔Cheung Kong (Holdings) Ltd., 0001.HK，簡稱長江實業〕在香港政府同一時間舉行的拍賣會上成功拍得兩處住宅地塊，總成交價爲 119.5 億港元（合 15.4 億美元）。相信李嘉誠不會是笨蛋，打房還買地，不會吧！李嘉誠是靠炒股炒地起家的，放眼望去，全球哪個富豪是溫良恭儉讓，哪個不靠炒股炒房賺錢？亞洲各國金管局或央行，真要打房，就直接把房貸利率拉到年息6%不就結了，我倒是想看看，有哪個央行敢這麼做！

結果2012年4月，香港財政司司長曾俊華在網誌上說，自今年2月起本港樓市再度活躍，整體樓價回升約2%。他重申政府會密切監察市場狀況，有需要時會推出措施，防止樓市過熱重現，並提醒市民審慎置業。香港2012年3月物業買賣總數升近2倍，根據《香港商報》報導，2011年下半年，在外圍形勢不穩及本地銀行數度調高按揭利率下，香港樓市出現整固，成交遞減，2012年1月樓價也由2011年年中高位累計回落約5%。不過，自2012年2月股市回升，樓市氣氛再度轉活，帶動成交及樓價上升。反映2月的成交，3月分住宅物業買賣合約總數按月急升接近2倍至11,360宗，整體樓價在2月亦回升約2%。

曾俊華指出，香港樓市正受兩股不尋常的力量所影響：超低利率及流動性充裕的環境。事實上，香港樓價自 2009 年初起已累計上升 74%，較 1997 年的高位高出 5%。

從 2010 年開始，中央銀行和金管會就不斷採取各種措施抑制房價上漲，就是一般俗稱的打房。例如，2010 年 6 月下旬，央行原本只針對個人購置北市和新北市重點區域的第二棟房屋貸款進行「管制」；但央行事後發現，抑制房價效果不彰，而且因房仲業和投資公司屬「公司法人」，不受央行「個人房貸」針對性措施規範，投資客紛紛成立投資公司、房仲公司，鑽央行管制措施漏洞，向銀行借貸資金炒房。

為什麼香港房價高？

1. 香港實施積極不干預政策。
2. 1997 亞洲金融風暴後，港府於 2002 年宣布不再興建新屋。
3. 香港財政依賴土地，占政府收入 10%。
4. 地產商呈現壟斷。
5. 居民以投資地產爲渠道。

央行發現，2010 年初房仲業家數僅 400 多家，年底即暴增到 700 多家，短短 1 年暴增逾 300 家，這些新增的房仲大多數是三五同好集資成立。2011 年 1 月央行理監事會上決定，將管制區房貸成數往下降至 6 成，並將公司法人納入管理，且規定**公司法人購置第一棟房貸即受貸款降至 6 成、無寬限期限制**，及對同一擔保品不得另以修繕等名義增加貸款等限制。而管制區也擴充到 13 區，新納入三峽、林口和淡水區。

但吊詭的是，從 2010 年開始打房，央行總裁彭准南甚至微服出巡查房價。但台北市的房價卻愈打愈貴，不但台北市房價上漲，台中甚至高雄在 2012 年初房價也開始明顯上揚，連國泰建設都南下買地蓋屋。政府打房到底打到哪去了呢？

爲何台北、香港打房都愈打愈貴？主要原因是：

1. **利率位處低檔**：台北房屋貸款利率僅 2%，香港亦僅 2-2.5 釐（2%-2.5%）。

2. **資金豐沛**：台灣游資達 20 兆台幣，閒置於僅年息 1.4% 的定存戶；香港僅人民幣存款即高達 6,000 億，存於年息僅 0.6% 的戶口。

3. **通膨情勢升溫**：台灣 2012 年通膨將逾 2%，爲 3 年來最高水位；香港通膨飆 16 年來新高，2012 年估達 4-5%。

其實要打房，大幅調升利率即可。如果房貸調到 6%，你看還有沒有人要炒房？我敢打包票絕對沒有！但試想房貸眞的調到 6%，倒楣的會是只有炒房的投機客？不會吧！眞正倒楣的是廣大的受薪房貸族，背 20 年殼的房貸可憐蟲爲這些廣大的朋友們，薪水不漲，如果房貸漲，請問錢從哪裡來繳房貸。目前全台房貸餘額逾 5 兆台幣，也就是房貸升 1%，1 年全台房貸族就多付 500 億台幣。若房貸從目前的 2% 上升到 6%，那可就好玩了，1 年新增房貸利息要 2,000 億。付不出房貸的結果就是銀行垮，房市崩盤，全民玩完。請問央行能這樣搞嗎？

這不是彭總裁的問題，是全球低利的問題，是美國搞出來的，台灣的利率早已失去了彈性。請問有誰會認爲利率會上升到 3% 之上，不要講 6% 了，我敢講，台灣利率 2-3 年內都不會見到 3.5% 之上。

政府調不動利率，只好往稅率上著手。台北市政府搞出個豪宅稅，把房屋稅調高，問題是什麼是豪宅，定義上有很大的爭議，結果搞到 2012 年要繳稅時引起一堆民怨。對投機客來說，上億的房子不要碰就好了，這個稅打不到的。反而是奢侈稅確實有打到投機客，我聽到很多投機客在哀嚎奢侈稅，2 年內不能過戶，否則會被打到，結果卡到一堆投機客，中古屋成交量大掉，2012 年初竟掉到 8 年來新低，比 2004 年 SARS 時還低迷，這招是有效的。

不過，上有政策下有對策，投機客轉做房東的不少，寧可等 2 年再賣，反正這幾年賺太多，有的是本錢跟你撐，只要利率不調高，逼不到這些人斷頭，不斷頭房價如何反轉？房價有其僵固性，請問 2,000 萬買的人，爲何要跌 2 成、1,600 萬賣？除非手頭緊，需要現金才可能賠售。房子不比股票，房子是時間財，只要放得夠久都會漲，股票就不一定了，而且股票跌起來很恐怖。房子不會亂跌，會去賠房子的人，除非是買到不好的物件，否則少之又少。

正面思考的力量

「運動」、「理財能力」、「健康意識」、「心情」圓滿人生。

分享財富
創造財富

有錢人眞的比較長壽？

健康來自於心理和活動，有錢人爲何平均壽命較長？醫生爲何較短？醫療資源是關鍵，那你就錯了！爲何社經地位較高者都有良好的運動習慣？相反的，上班族是最懶於運動的一群人，你有多久沒動了？

世界上 100 多個國家政府代表跟衛生專家一致認爲，不論是在哪個國家，個人的健康狀況相當程度取決於個人的社會經濟地位。

各國代表 2012 年在巴西參加世界衛生組織召開的會議，希望透過社會、經濟和環境因素的改善，縮小一國內部以及國與國之間的衛生差距。

一項讓人擔憂的衛生差距數據顯示，目前各國的預期壽命差距爲 36 歲，而且世界上所有國家，不管是低收入、中等收入，還是高收入國家，個人的健康狀況都跟社會經濟地位有很大關係。

社經地位高低爲何與壽命長短有關？是因爲社經地位高者，能有較好的醫療資源，還是有其他不同原因？

英國的流行病學家麥可・馬爾穆特(Michael Marmot)出了一本書叫《社會地位症候群》（*Status Syndrome*）。在書裡，馬爾穆特根據他長年來的研究結果，詳細地闡述了社會地位對人類長壽具有決定性的影響原因。

馬爾穆特教授，從事人類壽命的研究已長達 30 年。在 1960 年代時，他開始研究住在倫敦的公務員健康狀況。在這項研究計畫中，馬爾穆特教授發現了一個有趣的關聯：這些公務員的健康和他們的職位等級有密切的關係；也就是說，職位愈高者其健康情形愈好。

職位高低與活得長久與否也有關係，這眞的很有趣！社經地位高和職位高，這兩者都可讓人活得更久，而且通常社經地位高者也是位高權重者，這兩者可大略劃上等號。

台灣的情況如何呢？國衛院群體健康科學研究所教授溫啓邦針對台灣某健康管理資料庫中，追蹤1996年至2008年416,175名民眾的健檢個案，發現54%的人不愛運動，22%的人爲「低量運動」（每週運動90分鐘，每天15分鐘），這些低量運動的人，死亡率比沒運動的人少14%，降低罹患各種疾病風險，平均壽命也多了3歲，若再額外增加15分鐘運動，死亡率還能再減少4%。

運動可延長壽命是溫啓邦的結論，而且台灣的半數民眾不愛運動，但運動比例上確實可活得更久。接下來的問題是：社經地位高者是否較社經地位低者有較多的運動呢？

許伯陽和高俊雄研究台北市686個民眾，發現社經地位與運動時間有關聯。這份研究顯示，令人吃驚的，台北市高家庭所得者較低家庭所得者的運動參與率高出近 10 倍。同一份論文也引用彭臺臨 2006 年的研究指出，專業人士或主管及白領階級參與運動程度最高，但藍領勞工相對較少。

當然藍領勞工相對參與運動較少可能是因爲工作性質本身就是勞力型，故下班後再運動的意識會降低。不過，根據相關研究，我們又再得到一項推論，社經地位高者有較多的運動，而運動確實可延長壽命。

但是社經地位高者較長壽，眞只有一項運動因素嗎？恐怕不然。香港的林行止曾爲文指出，《福伯氏》半月刊引述兩位學者（社會學家和心理學家）最近發表的一篇論文新觀點，指出有錢人所以壽命較長，主因是他們比一般人精明（smart）、IQ 較高。在遺產稅很重的西方社會，富裕階級大多是因爲較常人精明而致富（無論投資物業、股票、外匯都是如此）；而 IQ 高不但有利財富創造，還使他們有較高的「健康意識」，擁有了解藥品療效及預防疾病的智力，同時避免做出有害健康的事。作者引述美國人口統計局的數據，顯示專業及技術人員的 IQ 中位數爲 111，非技術工人的則爲 89；IQ 在 79 至 90

之間的人，較 IQ 125 者更易陷入赤貧（比率是前者高於後者 8 倍）。

換言之，**健康意識是很重要的，是活得久的一項原因**。同時，有錢人有較高的健康意識及理財能力，也使他們有較長的壽命。

此外，林行止也指出，得獎者（研究對象是奧斯卡獎，相信在其他行業出色當行者亦如此）所以較長命，可能這是業界和觀眾對他們的表演事業認同，令其「心裡舒泰」（peace of mind）有以致之。事實上，一個演員的演出經常獲好評，其心情肯定較那些演出換來「劣評如潮」者更歡欣愉快。笑口常開、心情開朗是長壽之徵，得獎和贏得好評者較長壽，以普通常識看，是大有可能的。

所以，心情亦是一項活得久不久的因子。

運動、理財能力、健康意識、心情是決定一個人活得長短與否的因子，而通常社經地位高者，這些因子所處的情況都優於一般人。

人生有時很無奈，年輕沒錢有健康，老了有錢沒健康，財富和健康似乎像魚與熊掌不能兼得。很多有錢人都拿命去拚財富，結果拚到了卻沒命了。人生的財富追求無止境，人的存款簿上可以創造很多的0，但再多的0，前面沒有那個1，這些0都不會成立。

創造圓滿人生，健康是首要，沒健康一切都沒了。要如何保持健康，運動、心情、健康意識，以及在兼顧體能與體力下創造財富，並成就高的社經地位都是方法。

理想促成發展且成就健康的心靈和體能。家人是創造財富的主要動能。事業是成就感和責任與生存的意義。朋友是與社會的連結。

人生必要的註腳
傳承知識與財富

人生不同階段，需要不同資源來滿足需求。追求一個心靈永恆的目標和理想，學習不斷的歸零。

西洋有一句諺語：有其父必有其子，在對金錢和財務的態度上尤其如此。孩子對於金錢、商品和消費等態度或行爲的形成，往往與家庭及父母有很大的關係，畢竟家庭是孩子成長的基礎，而父母是孩子仿效的對象。

我有一回看到小兒子躺在沙發上看電視，當下指責他說年紀輕輕的就坐沒坐樣、無精打采的。沒想到在一旁的老婆冷冷的回了一句：「你平常不也都這樣嗎？」這句話還眞的是一語驚醒夢中人呀！小孩是學了我的壞習慣，如今他仿效我的行爲，而我還因此指責他，搞不好他還覺得很委屈哩：「你平常不也都這樣」，「我只不過是有樣學樣罷了」。

過去有一句廣告台詞令人印象深刻：刮別人鬍子前，先刮乾淨自己。指責孩子前，全天下的父母都有責任先檢討自己。如果不想孩子長大後胡亂花用金錢，那得好好的在金錢管理上身體力行，否則孩子在一旁冷眼觀察，看到爸媽不把錢當一回事，那他當然也會不把錢當一回事，這種因果關係家長是得承擔最大責任的。

理財要列入國民教育，我覺得孩子的理財觀是人格養成的一環，最關鍵的養成場域是家庭，學校頂多教些觀念。但許多與財務有關的認知、態度和行爲，卻是在成長的過程中、在家庭中一點一滴的形成，所以父母責無旁貸，尤其是得從自身做起。

有哪些與金錢相關的態度是重要的呢？

我認爲許多傳統的原則是需要灌輸的，例如：儲蓄的美德、量入爲出的金錢態度、先儲蓄再消費，這些都是最基本的、需要一再被提起的。但金錢本身能創造幸福感和使用與交換的價值亦不可忽略，免得孩子變成守財奴。記得，金錢的使用是很彈性，當用則用，當省則省，講的就是這種彈性空間。

另外，父母應放手讓子女自己管理金錢，對錢這件事產生負責任的態度。信任、觀察和指導是必要的流程，適時給予協助和輔導，例如每年的壓歲錢就應該讓子女做全部或部分的管理，開個帳戶儲蓄也好，買定時定額基金也好，讓子女從小就有管理金錢的能力並養成一種負責任的態度是必要的。

理財教育不必急於一時，因爲人格的養成需要時間，而且可以被適度糾正的。但最怕持續的輕忽，讓其順其自然發展，而又無良好的仿效對象。我反對太過提早社會化小大人般的理財教育，父母的機會教育反而相對重要。

面對社會，要了解有捨才有得，捨去財富才能創造更多財富。

3 倍因果律，1/10 奉獻，社會需要更多的力量，財富的終極影響力在於擴散於無形。金錢不滅，讓它流向更需要它之人。

但需要歸需要，也要有能力獲取財富。本書先前已提供了很多方法獲取一定的財富，現在反而要請你分享財富，因爲有捨才有得，捨去財富才能創造更多財富。

所謂 3 倍因果律，就是你若施捨財富，未來會得到 3 倍金額的回報。摩門徒都要做 1/10 奉獻，每個月捐出 1/10 的收入，全世界最有錢的人其中不少是摩門教徒，微軟的比爾蓋茲就是摩門教信徒。我表哥是摩門徒，早年他台大電機系畢業後就到美國西雅圖微軟總部上班，跟隨比爾蓋茲開發視窗系統，他現在財富早不知道有多少了，買遊艇、住千萬美元豪宅，好不快樂。

台灣女首富王雪紅是很虔誠的基督教徒，2011 年媒體報導，她在台北大直精華區以 30 億元買下一塊 1,700 餘坪的土地，用來興建台灣土地價值最高的教堂。據指出，該筆土地登記在王雪紅最信任的士林靈糧堂，以及大姊王貴雲名下。

業界表示，在她出席的場合致詞中，常可聽到阿門。王雪紅更與教會、教友有著深刻緊密的關係，遇到困難時，她會尋求教會、上帝的幫助。王家很早就成爲基督徒，她曾表示，信基督教對她的生活和事業有著巨大的影響。王雪紅的丈夫、威盛總經理陳文琦也是虔誠的教徒，威盛發表的第一顆 CPU（中央處理器）就命名爲約書亞（舊約聖經的其中一卷）。

比爾蓋茲和王雪紅都是極有錢的富人，他們也不是在當上首富之後才捐獻，當然首富讓他們更有能力奉獻。可見奉獻不會使人變窮，反而會使人更富有；而富人應當奉獻助人，這樣不但會有福報，也可將財富用於更有用的地方。

除了捐獻，花錢也是種捨錢的方式。年輕人要儲蓄第一桶金，存錢是必要的，但事業和投資有成後，可別再省著花了。花錢是一件快樂的事，尤其是有能力花錢，而且花的是自己努力賺來的錢。台灣人存了 20 兆新台幣的定存不花，是很可惜的事，台灣每年都超額儲蓄，錢不投資也不消費，堆積在銀行金庫，逼得銀行、保險公司和票券公司去買債券鎖住利差，結果把台灣的利率搞到全世界數一數二低，眞是很麻煩的事。

這種資金不流通導致的惡性循環是台灣經濟和金融發展上的隱憂，所以我鼓勵有錢人要多消費；尤其是從有捨才有得的觀點出發，賺了錢，只要財力允許，why not，爲何不花錢？難道一輩子把錢存在銀行裡不用？何況錢生不帶來，死也帶不走，更不須留給子孫太多，努力工作了一輩子，當然是要花的。只是如何花？花在刀口上，花得値得，這些花錢的藝術就是在花錢前提下再去討論的事了。

不用害怕未來
用理想創造動力

南部有富二代開名車撞到了人，北部則是富二代惡作劇拿著糞水潑遊民；報紙版面上同時也刊登著薪資所得倒退 13 年前的新聞，實質經常性薪資在物價上漲下，還不如 13 年前的水準。一般年輕人，如果沒有富爸媽，時下生活是很辛苦的，尤其在北部地區，高物價加上高房價，初出社會的大學新鮮人每月不到 3 萬元的薪水，在茫茫人海裡眞的可能會迷失，也可能會沒有志氣。

年輕人的心聲我明白，我也年輕過，每個世代有每個世代的辛苦和困境，時下這個世代面對的台灣情境，缺乏的是一種熱情和理想，講的微觀點，缺乏的是對未來的想法和動力。但這件事，不能只怪年輕人，大環境是個問題，台灣的內耗和空轉，10 多年來浪費了太多機會，台灣錯失了與大陸快速成長的連結，接到的，反而是大陸開始放緩的尷尬。

結果台灣 10 年來所得成長緩慢，韓國、新加坡的國民所得都超過了台灣，台灣與亞洲各國相比，較好的只剩下較低的物價成長率。但經濟不成長，物價低又如何？只不過是自我麻醉罷了！台灣的年輕人失落了，有點像是日本進入了平成，「平成不況」讓日本懷念昭和。台灣年輕人不知未來，電視上成天講的是蔣經國和王永慶，只能懷念過去。但台灣還有讓年輕人往上爬升的機會嗎？

台灣關不住一種失敗主義的氣氛，台灣不如韓國啦！台灣產業失去競爭力啦！台灣只能靠大陸啦！這些話語是最常聽到的論點，久而久之，台灣的下一代也失志了。理想呢？連小孩也不敢生了，還談理想！結果台灣的生育率下降僅不到 0.9% 不到，一對夫妻連一個小孩都不生，全球最低。

內政部在 2012 年公布統計資料，2009 年台灣出生嬰兒計 19 萬 1,310 人，出生率千分之 8.3，分別較前年減少 3.7% 及減少 0.4 個千分點，再創歷史新低。依美國人口研究機構「人口資料局」公布的「2009 年世界人口估計要覽表」，台灣相較各主要國家粗出生率，與德國並列爲最低出生率的國家。

此外，台灣人口將從民國 112 年開始進入零成長階段。

由於出生人數減少，死亡人數增加，台灣人口自然增加人數持續遞減，台灣總生育率持續下降，不僅如此，隨著人口老化加速，從民國 116 年開始，每 100 名工作年齡人口，所需負擔的總依賴人口超過 50 人，也就是說，每兩個人就得扶養一名老幼人口，「人口紅利」時期正式結束。

「**人口紅利**」代表在某一時期內生育率迅速下降，少兒與老年撫養負擔均相對較輕，而總人口中勞動適齡人口比重上升，從而在老年人口比例達到較高水平之前，形成一個勞動力資源相對比較豐富，對經濟發展十分有利的黃金時期。

爲了便於分析，人們使用總撫養比小於 50%（14 歲及以下少兒人口與 65 歲及以上老年人口之和除以 15 至 64 歲勞動年齡人口）爲人口紅利時期。進入人口紅利時期爲人口機會視窗打開，退出人口紅利時期爲人口機會視窗關閉。而人口總撫養比超過 60% 時，爲「人口負債」時期。

2012 年，新加坡副總理尙達曼指出，新加坡如果也阻止外國人才進入，將重演「台灣故事」（Taiwan story），喪失了在全球的競爭優勢。尙達曼的說法在台灣引起重視和討論。

尙達曼引述一項針對台灣人才移動所做的調查表示，台灣人平均薪資下降，原因在於台灣對於外國人才採閉關政策；同時台灣最優秀且最聰明的人才正移往國外，尤其是大陸、美國以及其他國家。新加坡大學東亞研究所的調查發現，台灣人過去 10 多年的平均名目所得成長有限，如果再加入通膨因素，實質所得更大幅減少。

尙達曼說的是事實，只是由他國領袖口中說出很刺耳。隔不久之後，教育部長蔣偉寧說，他到美國加州訪問，發現在當地多所知名大學中，3、40 歲的台灣年輕教授很少，顯示台灣海外人才庫面臨斷層，必須正視。其實台灣不只海外人才庫不足，根據中研院院長翁啓惠與多位知名人士共同發表的「人才宣言」，其中痛陳台灣近 10 年來淪爲白領人才淨輸出國，呼籲鬆綁對於高階人才的相關薪資管制，維持台灣競爭力。然而台灣可不是近來才淪爲人才輸出國，台灣的留學生學成歸國比率近年雖已超過 30%，但連一半都還沒跨過，更別提 1979 年時還曾創下 8%的最低紀錄。

相反的，我們看看新加坡總理李顯龍接受《天下》雜誌訪問時怎麼說。他說，新加坡要吸引全世界人才，做法是首先必須發掘自己的人才。他說，我們人口不多，有才幹的人，必須充分培養及提拔；不一定是學術性的才幹，其他方面的才華，如藝術、體育、商業方面的才幹，我們必須發掘他們，在任人唯賢的制度下，能充分發展。

李顯龍並表示，新加坡只有 320 萬人，再加上 100 多萬外來的工人與專業人士，人口不夠，人才也肯定不夠。上海有 1,000 萬人，可是上海的人才不只來自這 1,000 萬人，而是來自全長江流域，甚至全中國，所以可以成爲一個龍頭。台北人才很多，也不都來自台北市，而是來自整個台灣，還有許多是 50 多年前從中國來的。人才是從一個很大的腹地吸收來的。

如果以台灣的生活優勢對比鄰近香港和新加坡，台灣應該很容易吸引移民，尤其是大陸移民。但台灣長期的兩岸問題，再加上嚴格的移民法規，以及對移民者不甚方便的各方面社會制度，才是使移民者拒絕來台的主因。

現在來看看台灣生活的優勢：

1. **交通便捷且費用低廉**：台北市捷運一趟只需 20 至 65 元台幣，公車一段票 15 元台幣，而計程車起跳僅 70 元台幣。

2. **醫療水準先進**：健檢、醫美、各類手術居亞洲前列，醫療價格相對低廉。例如全身健檢一般僅 2 萬台幣，一般內科門診僅 200 元台幣。

3. **生活便利**：台灣便利商店每平方公里就有超過五家，大賣場充斥，百貨公司、傳統市場、超市眾多。

單以上述的優勢而言，台北就比新加坡、香港、上海和北京來得好，更何況台灣土地面積大，有山有水有海，人又有禮貌，有文化水準，如果好好規劃，一定有條件吸引亞洲最好的人才來台灣發展。可惜的是，我們的政府想不通，不會好好規劃這方面的誘因，用外來人才茁壯台灣經濟，只曉得保護主義，成天只會喊愛台灣，反而讓台灣優秀人才移民國外，楚才晉用。

我有位醫生朋友，今年 70 歲，是台灣有名的收藏家，他讀建中和台大醫學院，他太太則讀北一女和台大，兩個小孩目前在香港和紐約，都不回台。我另一位朋友，哥哥是某縣縣長，女兒台大畢業，留學法國，讀到博士嫁給法國人，住在坎城也不回台灣。我問他們爲何子女這麼優秀都不回台灣？從小養到大都台大，用了多少國家和社會資源，但都投靠外國，創造他國的經濟和社會發展。

我們必須自問：台灣是否具備吸引國際人才條件？

1.我們的社會具有包容性？
2.我們的社會具有語言、制度等國際條件？
3.我們有良好的經濟條件？
4.我們的居住環境？
5.我們的教育條件？
6. 我們主動、積極招攬人才？

不用害怕未來，但我們必須做全面結構的調整，否則台灣未來怎有黃金10年！

國家圖書館出版品預行編目（CIP）資料

反崩壞：打破99:1 / 阮慕驊著. -- 初版.
--新北市：葉子，2012.08
面： 公分. --

ISBN 978-986-6156-09-0（平裝）

1.理財 2.投資

563 101014017

反崩壞 打破99：1

作　　者：阮慕驊
出 版 者：葉子出版股份有限公司
發 行 人：葉忠賢
總 編 輯：馬琦涵
企劃編輯：吳韻如、范湘渝
美術設計：張明娟
封面設計：16 Design
封面攝影：一丁一口攝影工作室
印　　務：許鈞棋
專案行銷：高明偉

地　　址：222新北市深坑區北深路3段260號8樓
電　　話：(02)8662-6826
傳　　真：(02)2664-7633
E - mail：service@ycrc.com.tw
網　　址：http://www.ycrc.com.tw

印　　刷：柯樂印刷事業股份有限公司
ISBN：978-986-6156-09-0
初版二刷：2012年9月
定　　價：新台幣280元

總 經 銷：揚智文化事業股份有限公司
地　　址：222新北市深坑區北深路3段260號8樓
電　　話：886-2-8662-6826
傳　　真：886-2-2664-7633

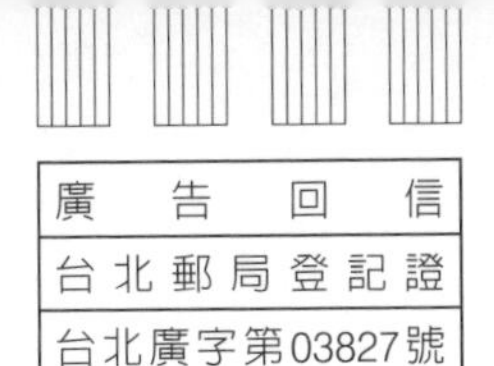

222-04
新北市深坑區北深路三段260號8樓

揚智文化事業股份有限公司　　收

□□□-□□
地址：　　市縣　　鄉鎮市區　　路街　段　巷　弄　號　樓
姓名：

葉子出版股份有限公司

讀・者・回・函

購買的書名 ______________________________

姓名 ______________ 性別 □男 □女 年齡 __________

E-mail ______________

教育程度□高中職以下□大專□碩士□博士以上

職業別 □學生 □服務業 □軍警 □公教 □資訊 □傳播 □金融
□製造生產 □其他 ______________

購書方式 □書店 ______________ □量販店 ______________
□網路 ______________ □其他 ______________

購買原因 □喜歡作者 □對書籍內容感興趣 □生活或工作需要
□其他 ______________________________

喜歡哪一類型的書籍 ______________________________

希望本公司出版哪方面的書籍 ______________________________

您的寶貴意見 ______________________________

____

____

感謝您購買本書，填寫完畢請您直接寄回（免貼郵票），我們將不定期寄發最新書訊，以及優先通知您相關優惠活動。